JUSTO VALOR E IMPARIDADE EM ACTIVOS FIXOS TANGÍVEIS E INTANGÍVEIS

ANTÓNIO MARTINS

JUSTO VALOR E IMPARIDADE EM ACTIVOS FIXOS TANGÍVEIS E INTANGÍVEIS

Aspectos financeiros, contabilísticos e fiscais

JUSTO VALOR E IMPARIDADE EM ACTIVOS FIXOS
TANGÍVEIS E INTANGÍVEIS

AUTOR
ANTÓNIO MARTINS

DISTRIBUIDORA
EDIÇÕES ALMEDINA. SA
Av. Fernão Magalhães, n.º 584, 5.º Andar
3000-174 Coimbra
Tel.: 239 851 904
Fax: 239 851 901
www.almedina.net
editora@almedina.net

PRÉ-IMPRESSÃO | IMPRESSÃO | ACABAMENTO
G.C. GRÁFICA DE COIMBRA, LDA.
Palheira – Assafarge
3001-453 Coimbra
producao@graficadecoimbra.pt

Maio, 2010

DEPÓSITO LEGAL
312033/10

Os dados e as opiniões inseridos na presente publicação
são da exclusiva responsabilidade do(s) seu(s) autor(es).

Toda a reprodução desta obra, por fotocópia ou outro qualquer
processo, sem prévia autorização escrita do Editor, é ilícita
e passível de procedimento judicial contra o infractor.

Biblioteca Nacional de Portugal – Catalogação na Publicação

MARTINS, António

Justo valor e imparidade em activos fixos, tangíveis
e intangíveis : aspectos financeiros, contabilísticos e
fiscais
ISBN 978-972-40-4248-0

CDU 657
     336

À minha família

Nota de Apresentação

Este livro tem um propósito muito específico. O de tratar um tema (as perdas por imparidade) que agora surge com particular relevo no âmbito do novo normativo contabilístico e fiscal em Portugal.

A única pretensão de originalidade que o texto pode ter é a de procurar discutir o referido tema numa perspectiva relativamente ampla. Isto é, efectuando uma análise que assenta em alicerces financeiros, contabilísticos e fiscais. É óbvio o risco a que qualquer autor se expõe ao pretender abordar um assunto a partir de várias perspectivas, hoje tão especializadas. Julguei, no entanto, que para os interessados numa visão que fosse, ao mesmo tempo, conceptual e aplicada, valia a pena correr esse risco. O leitor ajuizará se tal objectivo foi alcançado.

Na elaboração da obra tive o valioso contributo de dois colegas e amigos que, pacientemente, leram uma primeira versão e evitaram males maiores. À Ana Maria Rodrigues, da Faculdade de Economia da Universidade de Coimbra, e ao Daniel Taborda, do Instituto Politécnico de Coimbra, o meu sentido agradecimento. Embora tenha com eles, em especial com a Ana Maria, algumas discordâncias na abordagem analítica aos temas tratados, a discussão que isso implicou contribuiu, certamente, para melhorar o texto. Os erros e omissões que ainda subsistem são, evidentemente, da minha responsabilidade. O mesmo é dizer que se o leitor sentir, ao ler o texto, que sofreu uma perda por imparidade, só a mim deve assacar as culpas.

O tratamento do tema é feito, como já disse, numa perspectiva que busca conciliar os fundamentos conceptuais com a exemplificação e a resolução de casos práticos. Tentei, assim, facultar a quem no seu dia-a--dia profissional toma decisões que envolvem o uso dos conceitos tratados encontre algum apoio para melhor interpretar normas e decidir sobre o reconhecimento de gastos contabilísticos. E, também, que o enquadramento tributário destes gastos constitua elemento adicional de utilidade da obra.

Constituindo as perdas por imparidade estimativas de redução de valor de activos, e sabendo-se as cautelas que o legislador fiscal sempre tem mostrado na admissibilidade de gastos que assentem em previsões, a relação entre a contabilidade, a finança e a fiscalidade encontra aqui terreno fértil para discussão. Foi provavelmente daí que germinou a ideia de escrever o livro.

Introdução

A contabilidade é, antes de mais, um sistema de informação. Esse sistema possui regras próprias de registo, quantificação e divulgação de factos patrimoniais que sintetizam boa parte da vida das organizações.

Assim, a contabilidade fornece informação destinada aos utentes das demonstrações financeiras elaboradas por entidades de variada natureza, em especial as de cariz empresarial. Os elementos divulgados influenciam as decisões de diversas partes interessadas (credores, sócios, clientes, Estado, trabalhadores e outros) e são, por isso, muito relevantes para o funcionamento de um sistema económico. As decisões de investimento e financiamento de várias entidades – centrais à evolução de uma economia – são, em larga medida, condicionadas pelo seu desempenho e posição financeira.

Ora, em situações de mudança no modelo contabilístico, a análise dos seus efeitos nas demonstrações financeiras é um assunto de inegável importância.

Presentemente, vive-se entre nós um desses momentos de mudança do modelo em que assenta a contabilidade. Na verdade, a introdução do Sistema de Normalização Contabilística (SNC) e a revogação do Plano Oficial de Contabilidade (POC), vieram aproximar claramente o normativo português do figurino internacional[1].

---

[1] De notar que o *International Accounting Standards Board* (IASB) emite as designadas *International Accounting Standards* (IAS) bem como os *Internacional Financial Reporting Standards* (IFRS). No normativo do SNC, em particular no âmbito das Normas Contabilísticas e de Relato Financeiro (NCRF), existem normas derivadas de IAS, de IFRS ou de ambas.

Como também é conhecido, o Regulamento (CE) 1606/2002, de 19 de Julho, introduziu a obrigação, a partir de 2005, de as sociedades com valores mobiliários cotados elaborarem as respectivas contas consolidadas com base nas normas internacionais de contabilidade. Os Estados Membros da União Europeia podiam, ainda, estender o âmbito

Um dos aspectos que maior realce merece é o confronto entre os métodos do custo histórico e do justo valor como base da mensuração de activos. Tal confronto assume particular relevo nos activos fixos tangíveis e intangíveis[2]. Estes são, tipicamente, os elementos que perduram por períodos mais largos ao serviço das organizações. O modelo de valorização de tais activos terá, por certo, grande influência nas demonstrações financeiras. Até por que os activos de longo prazo representam, quase sempre, uma importante fatia do património evidenciado nos balanços.

A expressão valorativa destes activos ao custo histórico ou a valores ajustados em função de quantias recuperáveis, pela venda ou pelo uso continuado, constitui opção de grande significado nos princípios subjacentes ao relato financeiro. Deste modo, a variação na quantia escriturada dos activos, em especial dos de longo prazo, e as causas que a justificam, é um tópico que vem ganhando um lugar central nos normativos contabilísticos.

O objectivo central deste livro é o de tratar um tema que se tornou particularmente relevante com a introdução do SNC: as perdas por imparidade em activos fixos tangíveis e intangíveis[3].

Esta perdas, resultantes, como se sabe, da eventual diferença entre quantias registadas e quantias recuperáveis dos activos, traduzem estimativas de redução de valor. A sua importância para os que elaboram e que utilizam a informação financeira é óbvia. Tratando-se de estimativas de perdas, elas traduzem-se em gastos que afectam os resultados e o desempenho, a posição financeira e, consequentemente, a imagem patrimonial das entidades. Por outro lado, tratando-se de gastos com uma forte dis-

---

da aplicação das ditas normas a outras situações. Pode assim afirmar-se que o SNC vem culminar um processo de transição para o normativo internacional que já antes se tinha iniciado. E que, mais do que um corte radical, o SNC representa uma evolução natural e esperada do normativo anterior, o qual apresentava já sinais claros de introdução das regras internacionais, em particular por vias das Directrizes Contabilísticas (DC).

[2] E também, em certos casos, nas propriedades de investimento e activos não correntes detidos para venda.

[3] De notar que, como adiante melhor se verá, já no âmbito do POC se poderiam registar fenómenos idênticos às perdas por imparidade tais como as desvalorizações excepcionais (ponto 5.4.4 dos Critérios de Valorimetria do POC). Mesmo as perdas por imparidade eram expressamente previstas em certas normas, como a DC 29 sobre Matérias Ambientais, nos seus pontos 36 a 38.

ciplina normativa contabilística – várias Normas Contabilísticas e de Relato Financeiro (NCRF) destas perdas se ocupam – não deixam de apresentar também questões delicadas no âmbito tributário.

De facto, o legislador fiscal sempre teve e terá uma especial preocupação relativamente a gastos que resultem de estimativas. Já assim era anteriormente quanto a provisões ou amortizações. Compreende-se que fenómenos que agora tiveram acolhimento no SNC (v.g., imparidades, variações de justo valor) coloquem a administração fiscal numa posição algo defensiva.

É, pois, uma análise contabilístico-fiscal ao mesmo tempo conceptual, mas também, sempre que possível, aplicada, que este escrito procura apresentar ao leitor. E que busca ainda discutir alguns fundamentos, que na teoria financeira se podem encontrar, para as soluções agora consagradas no SNC.

Como se encontra o livro organizado?

Na primeira parte, de cariz eminentemente conceptual, analisa-se qual a finalidade da informação financeira produzida pelos sistemas contabilísticos. Confrontam-se os paradigmas do custo histórico e do justo valor e o respectivo impacto na informação divulgada. A questão central que se discute é a seguinte: deve a contabilidade ser efectuada tendo por principal objectivo a valorização das entidades, ou deve atender a outros fins? A resposta determina, em grande parte, qual o paradigma de valorização dos elementos patrimoniais a adoptar.

Depois, em jeito de breve resenha histórica, discute-se o tratamento contabilístico e fiscal que às desvalorizações excepcionais em activos imobilizados era conferido no âmbito do POC e do Código do Imposto sobre o Rendimento das Pessoas Colectivas (CIRC) em vigor antes de 2010.

Entra-se então na parte central do livro. Trata-se, primeiro, dos aspectos conceptuais relativos às perdas por imparidade em activos fixos tangíveis. Em seguida analisam-se as suas repercussões fiscais. Abordam-se temas como a agregação de activos em unidades geradoras de caixa e o apuramento das perdas por imparidade, da implicação destas perdas (e suas reversões) nos resultados, e a dificuldade em estimar quantias recuperáveis (em especial se o valor de uso for o método eleito).

No plano fiscal, discute-se a posição a esperar da administração fiscal no tocante a estas perdas apresentadas pelos sujeitos passivos do IRC. Dá-se especial destaque ao disposto nos artigos 35.º e 38.º do

CIRC, que condicionam a aceitação fiscal à prévia validação pela Direcção-Geral dos Impostos (DGCI). O apuramento de mais ou menos-valias fiscais é agora também afectado por estas perdas e pela aceitação ou não da sua dedutibildiade fiscal. Sobre este tópico, discutem-se aspectos normativos e apresentam-se exemplos de aplicação.

Na parte destinada aos intangíveis, dá-se relevo particular ao *goodwill*. Este intangível constitui um dos elementos mais importantes registados no balanço de muitas organizações. Em especial das que levam a cabo estratégias de crescimento por via de aquisições de outras entidades.

O *goodwill* radica numa expectativa de taxas de retorno supra normais resultante, entre outros motivos, de factores imateriais que não se encontravam reconhecidos no património da entidade adquirida. Assim, deve ser periodicamente aferido em que medida tal expectativa se vai cumprindo[4].

Os testes de imparidade têm esse objectivo. De todo o modo, a determinação dos fluxos de caixa esperados, da taxa de retorno a utilizar e de outros problemas que surgem na aplicação do método dos *cash flows* descontados, é desenvolvida nessa parte do texto.

Em particular, o prémio de risco a usar no cálculo da taxa de desconto é extensamente abordado. Após o que se entra na discussão do tratamento fiscal das perdas por imparidade em *goodwill*.

O livro apresenta ainda, a fim de evidenciar aspectos eminentemente aplicados, alguns casos práticos relativos aos temas tratados. E exemplifica também, a partir de notas divulgadas por empresas nacionais e estrangeiras a cuja informação se acedeu, como certas entidades divulgam elementos relevantes para ajudar os utentes a ajuizar melhor sobre as razões das perdas por imparidade e os métodos do respectivo apuramento.

Em suma: estando a contabilidade em Portugal numa fase de mudança, não pretende este livro mais do que apresentar um pequeno contributo para a discussão de uma tema que, embora sendo polémico, é bastante pertinente.

Um último ponto que aqui se salienta. A natureza dos temas abordados no livro torna-o mais relevante para as questões contabilístico-fiscais

---

[4] Sendo o mero cálculo do *goodwill* uma operação aritmética, é de maior interesse a análise do seu fundamento económico, que aqui apenas se aflora. Posteriormente o assunto merecerá muito maior desenvolvimento.

das médias e grandes empresas. Com efeito, nas pequenas entidades, cuja informação financeira está, no âmbito do SNC, regulada pela NCRF-PE, não se verificará uma utilização frequente dos conceitos aqui discutidos. Por isso, os aspectos particulares da NCRF–PE não são objecto de análise. Ainda assim, o tratamento contabilístico e fiscal da perdas por imparidade em activos tangíveis e intangíveis poderá, mesmo no âmbito das pequenas entidades, ter algum interesse, mas certamente que a relevância prática de tais assuntos encontra o seu campo natural nas empresas de maior dimensão.

Feita a apresentação, cabe agora ao leitor ajuizar da valia da obra.

1.
Para que serve a informação financeira?

No domínio da investigação na área da contabilidade uma das questões mais debatidas é a seguinte: qual o objectivo principal da informação financeira publicada regularmente pelas entidades de cariz empresarial? Ou, dito de outro modo, de entre os vários utilizadores potenciais desta informação (bancos, accionistas, clientes, obrigacionistas, fornecedores, empregados, Estado, etc.) deve algum ser considerado em posição prioritária face aos restantes?

A resposta a esta questão não é inócua. Na verdade, supondo que os investidores são os destinatários preferenciais da referida informação, então o paradigma em que se funda a contabilidade centrar-se-á na busca das relações entre a divulgação da informação financeira e a evolução do preço dos instrumentos financeiros (de capital próprio ou alheio) cotados em mercados de capitais. Mais especificamente, o caminho que a contabilidade deveria então trilhar seria o de, usando modelos de valorização dos elementos do balanço, aproximar – ou, no limite ideal, fazer coincidir – o valor do capital próprio expresso no balanço com o valor de mercado do capital accionista (Holthausen e Watts, 2001).

Esta corrente, segundo a qual a informação financeira teria como destinatário privilegiado o investidor, tem, já há tempo, defensores entre reputados cultores da investigação em contabilidade. Barth (1994:1) afirma:

"By examining how share prices reflect historical costs and fair values, evidence is provided on the measures´ relevance and reliability. Because these are the FASB´s[5] two principal criteria for choo-

---

[5] Federal Accounting Standards Board.

sing among accounting alternatives (...) the evidence can inform the FASB´s deliberations on using fair value accounting for investment securities".

Na mesma linha, e ainda muito antes do estrondoso fim – ocorrido em 2000 – da bolha especulativa do que se chamou "*dotcom stocks*", escrevem Amir e Lev (1996:28):

"The evidence presented in this study indicates that current financial reporting of wireless communications companies (...)is inadequate. Specifically, significant value-enhancing investments in the cellular franchise and in expanding the customer-base are fully expensed in financial reports, leading to distorted values of earnings and assets".

Muitos dos autores que se debruçam sobre a questão em apreço concluem que, do ponto de vista dos organismos de regulação da contabilidade e, sobretudo, da emissão de normas a serem observadas na preparação e divulgação da informação financeira, a valorização – directa ou indirecta – do capital accionista cotado em bolsas de valores seria o objectivo dominante. A ser assim, os modelos de valorização de activos e passivos deveriam nortear-se por tal padrão. A valorização assente no custo histórico teria de ceder lugar ao justo valor (*fair value*) como critério prevalecente.

Esta posição tem, contudo, encontrado oposição. E por vezes bastante firme. Com efeito, Holthausen e Watts (2001) sustentam que as directrizes do FASB – desde logo a n.º 1 – contradizem a perspectiva segundo a qual os investidores devem ser privilegiados face a outros potenciais utentes da informação financeira. Nas palavras dos autores: "*FASB statements indicate that the inputs-to-valuation role of accounting is only one of multiple financial reporting roles*".

É claro que a posição das entidades que emitem normas aplicáveis à produção e divulgação de informação financeira – como, por exemplo, o FASB, ou o IASB – não é fácil. Trata-se de escolhas que influenciam decisões de múltiplos agentes económicos interessados na apreciação regular da situação económica, financeira e da liquidez das entidades que desenvolvem actividades empresariais.

O dilema já anteriormente apontado por Barth (1994) é regularmente citado na literatura como problema intrínseco na escolha dos padrões de produção e divulgação da informação.

Laux e Leuz (2009:1), a propósito das críticas ao modelo de valorização assente no justo valor e do seu suposto contributo para a crise financeira que desabou em 2008 sobre a economia mundial, salientam que muitos críticos do modelo do justo valor apontam o mecanismo do *mark-to-market* (valorização a preços de mercado) como causa do exacerbar da crise bancária. Já os defensores do *fair value* sustentam que o modelo está na conhecida situação de ser encarado como o mensageiro que traz as más notícias, sem se cuidar, previamente, de saber o que provocou essas más notícias. E concluem os mencionados autores: "*In our view, the debate about fair vale accounting takes us back to several old accounting issues, like the trade off between relevance and reliability, which has been debated for decades*".

Em suma: se a informação financeira for entendida principalmente como elemento de apoio à decisão dos investidores, *maxime*, à avaliação regular do valor dos seus investimentos, e se tal for assumido pelos organismos de regulação contabilística, esta opção tem implicações claras na escolha dos modelos de avaliação de activos e passivos. No limite, o entendimento do papel da contabilidade como um instrumento que fornece essencialmente *inputs to valuation* levaria a que as normas prescrevessem métodos de valorização que reflectissem, nas demonstrações financeiras, o valor de mercado das entidades empresariais. O justo valor teria pois validação plena nesta perspectiva conceptual.

Se, pelo contrário, a outros utentes das demonstrações financeiras for concedido idêntico relevo enquanto destinatários da informação, o caso mudará de figura. Em tal situação, deverá questionar-se se a contabilidade, em especial os modelos de avaliação que utiliza, devem estar subordinados a uma visão centrada na valorização do capital próprio por quantias próximas ou iguais ás do respectivo preço de mercado[6].

Como nas secções seguintes procurarei mostrar, a situação actual é algo híbrida. De facto, e como bem notam Laux e Leuz (2009), mesmo no caso dos instrumentos financeiros, as normas internacionais de contabilidade estabelecem que alguns deles sejam mensurados ao justo valor, enquanto outros serão ao custo ou ao custo amortizado. Ou seja,

---

[6] O leitor interessado poderá encontrar *surveys* do debate acerca dos prós e contras do justo valor como elemento central do relato financeiro em Holthausen e Watts (2001), Benston (2008) e Ryan (2008).

mesmo nos activos em regra mais líquidos – e para os quais existem, em muitos casos, preços de mercado ou é mais fácil estimar fluxos de caixa – coexistem modelos de valorização diferentes, dando aos elementos do balanço uma quantificação assente em diversas perspectivas.

O debate entre custo histórico e justo valor está ainda em aberto, embora, a meu ver, seja claro que o caminho que se tem vindo a trilhar se afastou progressivamente do custo histórico e se tem aproximado do justo valor.

2.
Modelos de valorização de activos: o cerne do problema

De uma forma simples, os dois modelos básicos de apresentação dos elementos patrimoniais de uma entidade empresarial (que assentando em pressupostos radicalmente diferentes conduzirão, naturalmente, a uma interpretação bem diversa da informação) seriam os seguintes:

FIGURA 1 – O valor contabilístico: duas visões[7]

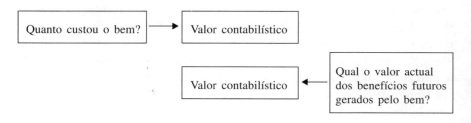

Como a figura 1 ilustra, num dos extremos teríamos os elementos patrimoniais avaliados a custo histórico; no outro, avaliados por quantias que representariam o valor actual de benefícios esperados. Como se verá

---

[7] Adaptado de Tournier (2000).

mais adiante, neste segundo caso – que encerra o fundamento do justo valor – poderemos ter vários níveis de fiabilidade (*reliability*) para o apuramento de tais valores. Mas o princípio está lá, bem vincado.

Entre estes modelos extremos, por onde começou e que caminho tem trilhado a contabilidade e a informação financeira que produz?

2.1. No início era o custo histórico...

O registo dos activos e passivos de uma entidade começou por ter no custo histórico um claro esteio no tocante ao método da respectiva quantificação[8]. Tournier (2000 : 11) afirma que, em França, o Código Comercial consagra o "princípio do nominalismo". Segundo o autor, ele impõe que, na data de entrada no património de uma entidade, os bens adquiridos a título oneroso sejam registados ao custo de aquisição e os bens produzidos ao custo de produção. O mesmo código estabelece ainda a base do chamado princípio da prudência, ao estatuir que a eventual diferença positiva verificada entre o valor de mercado de um bem e o seu custo de entrada não é reconhecida contabilisticamente.

A valorização dos elementos patrimoniais ao custo histórico, como princípio basilar da contabilidade, traduz, segundo os seus defensores, um grau de fiabilidade superior ao de outros métodos. Assim seria porque o custo histórico, dependendo essencialmente de critérios exteriores à empresa, o torna menos permeável a manipulações com vista à alteração dos resultados ou da posição patrimonial da entidade.

O primeiro POC português, de 1977, estabelecia também o custo histórico como um dos princípios a que deveriam obedecer os registos contabilísticos. Todavia, com o passar do tempo, o custo histórico foi perdendo peso enquanto princípio basilar da contabilidade. A que se deveu tal evolução?

---

[8] Nesta secção utilizar-se-ão os termos que vigoravam no anterior normativo português. Assim, mencionar-se-ão os imobilizados, as existências, as contas de terceiros, as disponibilidades, os proveitos e os custos. Na secção seguinte (2.2), sobre a consolidação do justo valor como cerne de um outro paradigma, será usada a nova terminologia (tangíveis, intangíveis, inventários, contas a pagar e receber, meios líquidos, rendimentos e gastos).

Para responder a esta questão é certamente útil indagar sobre as consequências da aplicação do custo histórico aos diversos elementos do activo patrimonial, ainda que numa perspectiva agregada. Isto é, às disponibilidades, aos créditos sobre terceiros, às existências e aos imobilizados. E cruzar a aplicação do custo histórico com o princípio da prudência, desde cedo acolhido também como alicerce da informação contabilística.

Comecemos pelas disponibilidades.

Nos activos que constituem liquidez (v.g., caixa, depósitos à ordem) ou que têm características equivalentes a meios líquidos (v.g., instrumentos financeiros negociados em mercados organizados que podem ser imediatamente transformáveis em meios monetários) a principal questão que o custo histórico suscita, quando este princípio se cruza com o da prudência, é a de reconhecer no balanço as perdas de valor potenciais resultantes de diferenças entre o valor de aquisição e o preço que no momento do relato financeiro (fecho de contas anual, semestral ou com outra periodicidade) um dado instrumento apresenta.

Se o custo histórico fosse, tradicionalmente, regra suprema não temperada por outra qualquer de semelhante importância, a perda de valor potencial não seria reconhecida. Apenas se registariam ganhos ou perdas aquando da alienação do activo (mais ou menos-valia realizada). Porém, o princípio da prudência conduz necessariamente ao reconhecimento de perdas potenciais. E, aqui, o método de valorização começa desde logo a afastar o custo histórico.

É certo que este afastamento se dá apenas no sentido da diminuição do valor escriturado do bem. Não são, neste contexto, reconhecidos ganhos potenciais, caso o valor de mercado seja superior ao preço de aquisição. Há, pois, um desvio ao custo histórico de natureza assimétrica: regista-se se para menos; ignora-se se para mais. Mas o ajustamento introduz uma primeira incursão, ainda algo tímida, do *fair value* ou justo valor – se bem que, repita-se, apenas para variações negativas – no postulado do custo histórico.

E nos créditos a receber, em particular nas dívidas de natureza comercial a haver de clientes? Estas, em regra, constituem a maior fatia dos créditos a receber a curto prazo. Como se combinam relativamente a tais activos os dois princípios que vimos enunciando: custo histórico e prudência?

Também aqui, ao registo inicial pelo valor do crédito concedido resultante da venda a prazo de bens ou serviços se segue uma avaliação periódica da probabilidade de cobrança efectiva da dívida e da entrada de fundos daí resultante. Quer dizer: transformar-se-á o crédito em meios líquidos, ou existirá a possibilidade de uma parte desse valor ser negada à empresa, implicando uma diminuição patrimonial e o registo da correspondente perda?

Como bem se sabe, e por isso não se entra aqui em grandes desenvolvimentos, desde muito cedo se convencionou que a imagem fiel e verdadeira das demonstrações financeiras requereria que tais dívidas a receber fossem apresentadas pelo valor estimado de cobrança. Entre nós, começou tal objectivo por implicar o reconhecimento de "provisões para cobrança duvidosa"; para, após 2005, se designarem por "ajustamentos em dívidas a receber" e, no âmbito do SNC, serem conhecidas por "perdas por imparidade em créditos".

Independentemente da designação, o fenómeno subjacente é o mesmo: uma estimativa (sublinhe-se: uma previsão) relativamente ao grau de cobrabilidade de uma dívida, reconhecendo no balanço apenas o montante que se espera encaixar, e quantificando nos resultados a correspondente perda potencial. O custo histórico cede aqui, uma vez mais, à prudência.

O que se observa no tratamento contabilístico das existências – agora designadas de "inventários[9]"? Um fenómeno idêntico. Se, por hipótese, uma entidade adquirisse mercadorias para posterior revenda e se, na data do relato financeiro, o valor de mercado fosse inferior ao custo de aquisição, o custo histórico também cedia face ao princípio da prudência, devendo ser reconhecida uma perda em resultados. Tal perda potencial começou por se designar "provisão para depreciação de existências", depois "ajustamentos em existências" e, actualmente, "perda por imparidade em inventários".

Em suma, nos activos mais líquidos (os designados activos circulantes ou correntes, ligados ao ciclo de exploração) mesmo em tempos mais

---

[9] A nova terminologia – tradução do termo *inventory* – era desnecessária. "Existências" era uma designação bem mais apropriada. Mas aqui, como noutros aspectos do SNC, traduziu-se de forma por vezes pouco adaptável à nossa língua e tradição contabilística.

remotos, já o princípio do custo histórico sofria desvios no sentido de se reconhecerem no balanço valores mais próximos das quantias realizáveis.

No entanto, é nos activos não correntes, em especial nos activos imobilizados de natureza corpórea ou incorpórea e outros que configuram investimentos das entidades, que a questão do custo histórico *versus* valorizações alternativas se evidencia com particular premência.

Na verdade, os activos fixos são, por definição, aqueles que permanecem ao serviço da entidade por um período plurianual e do qual se esperam benefícios futuros.

Ora, neste caso, a aplicação pura e simples do custo histórico – ou seja, numa versão mais extrema, manter no balanço os ditos activos pelo valor (inalterado) de aquisição – esbarra com inconvenientes graves. Quais são eles?

Em primeiro lugar, o uso dos activos fixos na actividade normal da empresa desgasta-os. Este desgaste constitui, em regra, uma transferência de valor dos activos fixos para o custo de produção dos bens ou serviços que com eles se fabricam ou prestam.

Todavia, e como notam Libby *et al* (2009), *"In accounting, depreciation is a process of cost allocation, not a process of determining an asset´s current market value or worth."* Mas, sendo certo que a depreciação dos activos fixos não é, no essencial, um processo de os valorizar a preços de mercado em cada momento, esta depreciação (cuja taxa anual depende essencialmente da estimativa da vida útil) é um primeiro ajustamento do montante que figura nas demonstrações financeiras e afasta-o do custo histórico correspondente ao valor de aquisição.

E, note-se, caso a depreciação seja, durante toda a vida útil, apurada através da aplicação de uma taxa ao custo histórico (de aquisição), tal poderá ter graves consequências. Em especial, sendo elevada a inflação, pode verificar-se, sobretudo em activos com mais dilatada vida útil, uma divergência progressiva e acentuada entre o valor na base do qual se calculam as depreciações e os valores de reposição dos activos. Como se sabe, foi esta uma razão fundamental para que se permitisse, entre nós, a reavaliação dos activos imobilizados, aumentando o valor líquido do activo e reconhecendo uma reserva de reavaliação no capital próprio ou situação líquida.

E a questão relativa aos activos depreciáveis não acaba aqui. Com efeito, admita-se, a título exemplificativo, um activo regularmente depreciado com base numa vida útil estimada de 10 anos. Ao fim de 4 anos foi reavaliado, aumentando o seu valor líquido. No ano 7 esse activo torna-se, por assim dizer, estéril. Isto é, a sua capacidade de gerar benefícios futuros cessou. Não serve para a produção e o seu valor residual de mercado é nulo. (Tal pode resultar de alterações técnicas ou legais que afectam decisivamente a sua capacidade de gerar benefícios para a entidade titular desse activo).

Ora, teríamos aqui que optar: ou manter o activo pelo seu valor resultante de prévias depreciações e da hipotética reavaliação; ou abatê--lo, pois já não tem para a entidade qualquer utilidade. A manutenção do custo histórico não tem aqui qualquer sustentação. Nem pelo critério da fiabilidade nem pelo da relevância se conseguiria justificar a opção de não abater o bem.

Assim, nos imobilizados corpóreos, várias ordens de factores podem induzir apreciáveis desvios entre custo de aquisição e valor de balanço.

Para mais, e este é outro elemento importante neste domínio, o método de depreciação escolhido implicará, ao longo da vida útil, valores líquidos de balanço totalmente diversos. Quotas constantes, quotas degressivas ou outro método, imporão uma evolução da quantia líquida escriturada no balanço que sempre dependerá de uma opção entre vários métodos... Enfim, os ajustamentos ao custo histórico abundam, e afastam os valores constantes nas demonstrações financeiras do montante inicialmente registado pelo preço de aquisição.

A situação é ainda mais complexa nos activos incorpóreos.

Entre as razões dessa complexidade salienta-se o facto de alguns deles resultarem de actividades internas da entidade (v.g., gastos com investigação e desenvolvimento) e de poderem existir fundadas hesitações sobre se tais gastos devem ser reconhecidos como activos (capitalizados, como usualmente se diz) ou se, em virtude das dúvidas sobre a sua capacidade de gerar benefícios futuros, devem ser imediatamente reconhecidos como custos e afectarem, pelo seu integral valor, os lucros do exercício em que ocorrem.

Nas obras que versam sobre o uso da informação financeira como instrumento para, deliberadamente, induzir em erro os investidores, o efeito desta opção entre reconhecer quantias como gastos ou capitalizá--las é um tema clássico de tratamento obrigatório[10].

---

[10] Veja-se, entre outros, Mulford e Comiskey (2002).

Para além disso, se a estimativa da vida útil de um imobilizado corpóreo, como uma máquina, um edifício ou uma viatura, se revela problemática, a previsão da vida útil de um incorpóreo, como uma patente ou um *software* de uso específico, é ainda mais difícil. Daqui decorre que a amortização a reconhecer, e consequentemente a evolução do valor líquido do activo no balanço, é afectada por um apreciável grau de subjectividade, tudo isso se afastando da lógica da fiabilidade do custo histórico. Adiante voltaremos com maior pormenor ao problema dos activos fixos (tangíveis e intangíveis), pois é este o tema central deste livro. Para já ficam estas observações, muito preliminares, sobre os efeitos possíveis nas demonstrações financeiras de uma total aderência ao custo histórico.

Como se viu, mesmo num tempo em que o princípio do custo histórico era, mais do que hoje, expressamente estabelecido como uma das bases do registo contabilístico, já os diversos elementos do activo sofriam ajustamentos de vária ordem. O objectivo era o de aproximar o valor de balanço de quantias que, afastando-se do custo histórico, tinham por base ou um valor recuperável traduzido nos encaixes monetários que se esperavam a curto prazo dos activos circulantes, ou o valor de uso para a entidade que se estimava da utilização futura dos activos de longo prazo.

O que é indubitável é que, modernamente, o designando "justo valor" ou *"fair value"* vem ganhando uma clara ascendência nas academias e na prática dos organismos emitentes de normas. Que causa tem esta alteração de fundo?

2.2. O justo valor e a consolidação de um novo paradigma

O justo valor é definido na estrutura conceptual do SNC, § 98, como *"a quantia pela qual um activo poderia ser trocado ou um passivo liquidado, entre partes conhecedoras e dispostas isso, numa transacção em que não exista relacionamento entre elas"*. Tomando como nível de maior fiabilidade do justo valor o preço determinado num mercado organizado, esta definição de justo valor já vinha sendo aplicada em relação a certos activos. Era o caso, por exemplo, da valorização de instrumentos financeiros, em especial os detidos por prazos curtos.

Com efeito, Holmes e Sugden (1999:84) afirmam, sobre o tratamento contabilístico de investimentos financeiros a curto prazo, que: *"Under the companies act 1985, Section 4, § 31, historical cost principles can be replaced by alternative accounting rules to allow for revaluations and current cost accounting (...)This makes possible a variety of treatments (including the writing up of investments to market value and the taking of the profit so disclosed to profit and loss account); so it is necessary to read the accounting policies with care".*

Identicamente, também os ajustamentos em contas a receber e inventários eram já procedimentos antigos no domínio da produção de informação financeira. Foi, porém, nos activos fixos que a introdução do justo valor teve repercussões mais assinaláveis, e veio introduzir novas regras de valorização onde o custo histórico tinha ainda um reduto mais significativo. Embora, como já se viu, também aí já temperado por alguns desvios. Mas tais desvios eram vistos como simples ajustes a um princípio central, não como elementos da mesma ordem de importância por comparação com o dito princípio. Ora a extensão da aplicação do justo valor nos activos fixos constitui o reforço de um rumo em direcção a outro paradigma, remetendo o custo histórico para uma alternativa, muitas vezes de segundo plano, face ao novo método.

O momento da introdução do justo valor como elemento central na avaliação de activos fixos não será rigorosamente determinável. Todavia, Tournier (2000:15) refere que uma nova norma (IAS 36) relativa ao valor e depreciação dos activos foi votada pelo IASC em 1998 e aplicou-se aos exercícios começados em 1999.

Esta norma marca verdadeiramente uma arrancada (*"démarrage"*) do justo valor à escala internacional.

Assim que uma empresa identifica indícios ou causas que lhe permitem concluir que um dos seus activos corre risco de desvalorização, a norma requer que um teste de imparidade seja efectuado, a fim de apurar o valor recuperável do activo.

Poderia esta obrigação de testar o valor recuperável do activo e compará-lo com a quantia registada nas demonstrações financeiras ser ainda interpretada como um aperfeiçoamento do custo histórico? É que se poderia porventura argumentar que os testes de imparidade são um procedimento regular para activos valorizados ao custo. O valor desses activos é "corrigido" – isto é, o seu valor escriturado deve ser aproximado do valor recuperável – através de testes de imparidade[11].

---

[11] O termo imparidade parece-me uma tradução pouco feliz de *impairment*. A palavra impaired significa, como se sabe, *damaged*, ou seja, desvalorizado, deteriorado.

A meu ver, a resposta à questão é negativa. O custo histórico serviu para o reconhecimento inicial do bem. A partir daí, a sistemática comparação com a quantia recuperável implica que o paradigma se desloque da quantia (passada) gasta a adquiri-lo para a estimativa do encaixe (futuro) resultante de venda ou de uso continuado.

Não temos pois dúvida de que o caminho trilhado vem retirar importância ao custo histórico, atribuindo ao justo valor um maior relevo na normalização contabilística.

Essa progressiva mudança originou, como seria de esperar, fortes debates que giraram em torno das vantagens e desvantagens de cada um dos paradigmas. O que vale mais: a (suposta) maior objectividade do custo histórico ou a (suposta) maior relevância do justo valor?

Entre nós, a entrada em vigor do SNC foi precedida de troca de pontos de vista sobre os prós e contras de ambos.

Assim, Ferreira (2008), Lopes de Sá (2008) e Duque (2008) intervieram neste debate a propósito do impacto das normas internacionais no deflagrar da crise financeira que se abateu sobre o mundo em 2008.

Os dois primeiros autores assumem uma posição bastante crítica das normas internacionais, em particular do vasto âmbito que nelas assume o justo valor. Ferreira (2008) considera que o justo valor dará azo a inscrever na contabilidade elementos "demasiado fluíveis, alheios a posses e de probabilização muito hipotética". Lopes de Sá (2008) imputa ao uso das normas internacionais de contabilidade parte muito importante da crise bancária, ao permitirem registar ganhos sem tradução efectiva e terem levado os gestores bancários a comportamentos de elevado risco.

Duque (2008), por seu lado, entende que o justo valor não foi o culpado da crise bancária. Ele foi apenas o mensageiro que trouxe a novidade, mas não a causa dessa novidade (a degradação agudíssima das estruturas patrimoniais da banca).

Posteriormente, Lérias (2009) e Lopes de Sá (2009) voltaram ao assunto. O segundo, em linha constante de forte crítica às normas internacionais, em especial ao justo valor, reafirma que: "*Infere-se facilmente que a aplicação do denominado justo valor é porta aberta ao subjectivo,*

Imparidade, segundo o Dicionário da Língua Portuguesa, da Texto Editora, significa: "qualidade do que e ímpar", "disparidade". Ora, como se vê, a tradução poderia ser melhor. Porém, como o termo imparidade consta abundantemente no SNC será aqui usado.

à aludida "volatilidade", à dança dos lucros e perdas pelos ajustes, esta tão ardilosamente executada pelos especuladores".

O primeiro apresenta uma posição mais sopesada, aludindo às vantagens e desvantagens do justo valor nos seguintes moldes: *"O conceito de justo valor, sendo rico e abrangente, não tem aplicação imediata e pode conduzir a valores subjectivos e um tanto virtuais. Têm-se desdobrado esforços para encontrar orientações para sua determinação, mas sem que se deixe de sentir maior ou menor desconforto sobre as quantias resultantes. Talvez nem sempre por serem estimativas a confirmar por acontecimentos futuros, mas por essas estimativas não servirem apenas a prudência no acréscimo de um passivo ou redução de um activo, onde sempre têm sido pacificamente usadas".*

Ora aqui há que realçar um ponto que já antes se mencionou. A aplicação do custo histórico era permeada por procedimentos que visavam ajustar valores passados, aproximando-os de valores realizáveis (v.g, créditos de cobrança duvidosa, ou ajustamentos em existências), mas sempre no sentido da sua redução provável. Isto é, a aplicação da prudência obrigava ao reconhecimento de perdas potenciais mas impedia ganhos (e reconhecimentos de lucros) potenciais. O justo valor, ao permitir variações em ambos os sentidos, constitui, sem dúvida, elemento de mudança crítica no paradigma contabilístico.

Por fim, refira-se ainda Gouveia (2009) que, num ponto em que centra a sua análise no impacto do justo valor na crise financeira, e em oposição a Duque (2008), salienta: *"A verdade factual é que a aplicação do justo valor, em detrimento do custo histórico, deu azo a inúmeras "falcatruas" como, por exemplo, espelhar nas demonstrações financeiras das empresas mais-valias potenciais de instrumentos financeiros e, através disso, obter resultados ainda não realizados, distribuir dividendos aos accionistas, salários e bónus chorudos aos administradores(...)"*[12]

Os dois últimos autores salientam um aspecto que reputo de crucial: o reconhecimento de ganhos em activos – designadamente financeiros, mas não só – fora do âmbito da aplicação do princípio da realização. Com a aplicação do justo valor, a variação de um preço (usado como o principal referencial externo de justo valor) permite reconhecer um ganho

---

[12] De notar que o artigo 32.º, n.º 2, do Código das Sociedades Comerciais estabelece alguns limites para a distribuição de resultados aos potenciais interessados.

e apresentar na demonstração de resultados lucros resultantes de flutuações do valor de activos que continuam no património da entidade.

Ainda sobre as consequências da aplicação do justo valor, Moreira (2010) salienta que os grupos empresariais portugueses que integram o PSI-20 tinham, desde 2005, a faculdade de optarem pelo justo valor, em virtude da utilização dos IFRS. Ora, segundo o autor, na maior parte dos casos, quando certos activos poderiam ser reportados ao custo histórico ou ao justo valor, aqueles grupos optaram maioritariamente pelo primeiro. Não se deveria assim esperar uma adopção generalizada do justo valor como consequência da introdução do SNC.[13]

Em suma, e como se expôs, o debate está aberto e vai, por certo, continuar. Em face destas supostas vantagens e desvantagens do justo valor, julgo que uma boa forma de explanar a minha posição será, a partir do lugar que o SNC reservou para o justo valor nas principais classes do activo, analisar as mutações que tal implicará por oposição ao normativo do POC anteriormente em vigor.

i) Activos correntes

Nos activos correntes é, entre outras, de particular relevo, a NCRF 27-Instrumentos Financeiros. Que aspectos essenciais são de salientar?

No seu § 11 dispõe a dita NCRF: *Nos termos da presente norma, todos os activos e passivos financeiros são mensurados, em cada data de relato, quer:*

(a) Ao custo ou custo amortizado menos qualquer perda por imparidade, ou

(b) Ao justo valor com as alterações de justo valor a serem reconhecidas na demonstração de resultados.

E continua nos §§ seguintes (subl. meu):

12 – Uma entidade deve mensurar os seguintes instrumentos financeiros ao custo ou ao custo amortizado menos perda por imparidade:

---

[13] O autor refere que entre o SNC e o conjunto POC/DC não existem diferenças radicais relativamente ao justo valor. Muitas DC integravam já soluções preconizadas pelos IFRS. Porém, salienta que os activos intangíveis, os activos tangíveis e os instrumentos financeiros seriam as áreas onde essas eventuais diferenças mais se fariam sentir.

(a) Instrumentos que satisfaçam as condições definidas no parágrafo 13 (tais como clientes, fornecedores, contas a receber, contas a pagar ou empréstimos bancários) e que a entidade designe, no momento do seu reconhecimento inicial, para serem mensurados ao custo amortizado (utilizando o método da taxa de juro efectiva) menos qualquer perda por imparidade;

(b) Contratos para conceder ou contrair empréstimos;

(c) Instrumentos de capital próprio que não sejam negociados publicamente e cujo justo valor não possa ser obtido de forma fiável, bem como contratos ligados a tais instrumentos que, se executados, resultem na entrega de tais instrumentos, os quais devem ser mensurados ao custo menos perdas por imparidade.

15 – Uma entidade deve mensurar ao justo valor todos os instrumentos financeiros que não sejam mensurados ao custo ou ao custo amortizado nos termos do parágrafo 12 com contrapartida em resultados.

16 – <u>Exemplos de instrumentos financeiros que sejam mensurados ao justo valor através de resultados:</u>

(a) Investimentos em instrumentos de capital próprio com cotações divulgadas publicamente, uma vez que o parágrafo 12 (c) define a mensuração ao custo apenas para os restantes casos;

(b) Derivados que não sejam sobre instrumentos de capital próprio que satisfaçam o parágrafo 12 (c), ou que fixem uma taxa de câmbio de uma conta a receber ou a pagar conforme referido no parágrafo 14 (d);

(c) Instrumentos de dívida perpétua ou obrigações convertíveis;

(d) Activos financeiros ou passivos financeiros classificados como detidos para negociação. Um activo financeiro ou um passivo financeiro é classificado como detido para negociação se for:

(i) Adquirido ou incorrido principalmente para a finalidade de venda ou de recompra num prazo muito próximo;

(ii) Parte de uma carteira de instrumentos financeiros identificados que sejam geridos em conjunto e para os quais exista evidência de terem recentemente proporcionado lucros reais.

Como se observa, o justo valor surge aqui como de aplicação obrigatória – com as alterações que se traduzam em seus aumentos ou reduções – relativamente a instrumentos de capital próprio com cotações divulgadas publicamente e também em instrumentos financeiros detidos para negociação. Como é sabido, o plano de contas do SNC consagrou a conta 14 – "Outros instrumentos financeiros" para reconhecer tais activos.

Nestes casos, haverá, como se disse, um reconhecimento directo em resultados de alterações do justo valor. Ora tais variações poderão ser decorrentes de modificações de um preço de mercado (instrumentos de capital próprio com cotações divulgadas publicamente), ou activos e passivos financeiros que, devendo ser mensurados ao justo valor, não tenham, ainda assim, um preço formado em mercados organizados.

Será por isso que o § 46 da NCRF 27 exige a divulgação, para todos os activos e passivos financeiros mensurados ao justo valor, da respectiva base de determinação. E estatui a norma que elas serão: *"v.g., cotação de mercado, quando ele existe, ou a técnica de avaliação. Quando se utiliza a técnica de avaliação, a entidade deve divulgar os pressupostos aplicados na determinação do justo valor..."*.

Que concluir do enquadramento contabilístico que, no SNC, é dado a este grupo de activos correntes? Os instrumentos financeiros surgem agora, ao contrário do que era regra no POC, divididos em dois grupos. No primeiro englobam-se os que deverão ser mensurados ao custo menos perdas por imparidade (o que será de algum modo, na prática – embora agora com um fundamento conceptual muito mais desenvolvido na norma relativa a Imparidade de Activos[14] – uma solução próxima do que anteriormente se consideravam os ajustamentos em aplicações de tesouraria). No segundo grupo, que engloba todos os que não estejam especificamente designados como incluídos no primeiro, os mensurados ao justo valor por contrapartida de resultados.

Sendo os instrumentos financeiros uma classe de activos com grande diversidade, não custa a admitir que, em especial para a subclasse de activos detidos para negociação com cotações não formadas em mercados organizados, a mensuração do justo valor será feita, as mais das vezes, não segundo o *mark to market,* mas através do *mark to model.* E é aí que, em períodos de forte dinamismo económico, quando reina a confiança nos mercados e os preços dos activos revelam tendência geral para a subida, pode acontecer que os pressupostos dos modelos sejam ajustados de forma a produzir aumentos de justo valor.

---

[14] NCRF 12.

Poderão então ocorrer efeitos tais como os descritos por Gouveia (2009) e Lérias (2009), ao apurarem-se resultados que induzirão uma imagem de forte desempenho económico e uma política de remunerações que poderão assentar em pilares pouco sólidos. Ao invés, quando se desencadeia um período de forte crise, a queda de preços e a deterioração de expectativas farão com que, nos instrumentos cotados e nos que são valorizados por avaliação assente em modelos, se reconheçam perdas. Assim contribuindo para agravar o panorama económico-financeiro.

Grosso modo, foi isso que se passou com o sector bancário. Antes de 2007, reconheciam-se ganhos (não realizados) por aumentos de justo valor. A partir de 2008 tiveram de se reconhecer perdas relacionadas com a queda vertiginosa do preço dos activos. A solução de reclassificar os activos como detidos até à maturidade e de, por isso, lhes poder ser aplicado o custo histórico constituiu uma solução "em desespero de causa".

Pode, por isso, afirmar-se que o justo valor se revelou, com a crise de 2008, um perigoso padrão contabilístico? Não falta argumentação em tal sentido. Por exemplo, Laux e Leuz (2009) referem que a Associação dos Banqueiros Americanos, numa carta ao Senado dos EUA, menciona explicitamente o *fair value accounting* como uma das causas da *débacle*. A influência pró-cíclica do *fair value* (incrementando ganhos em períodos de *boom* e obrigando a registar perdas em período de crise), também foi reconhecida por outros organismos dos EUA, que pressionaram fortemente o FASB para mudar as regras de contabilização dos instrumentos financeiros.

Está, então, o custo histórico vingado? Deve voltar-se a esse paradigma e encarar o *fair value* como uma experiência que não conduziu a informação financeira a bom porto?

A meu ver, caímos aqui na velha questão com que abri este texto: a quem serve a informação financeira? Se se entender que serve, essencialmente, para apurar o valor de mercado de uma entidade, o *fair value* seria claramente preferível. Sobretudo se aplicado a partir de um método de cálculo assente em preços de mercado com transacções frequentes e compradores e vendedores informados e não forçados. Todavia, estes mercados não existem para todos (longe disso) os instrumentos constantes dos balanços das entidades de diversos sectores.

Mas se, por outro lado, se entender que a contabilidade terá outro tipo de utentes igualmente importantes (credores, clientes, Estado, etc) então o justo valor perde, a meu ver, parte do seu lustro. Como a este propósito nota Li (2008), os contratos de dívida financeira excluem ganhos por alterações de justo valor para efeitos de verificação de cláusulas de salvaguarda *(protective covenants)*. De igual modo Laux e Leuz (2009) salientam que, nos EUA, *"regulatory capital calculated by US banking regulators is not affected by changes in the fair value of available for sale securities, unless they are sold or the impairments are other than temporary"*.

Contudo, não é claro que o custo histórico seja um remédio para as crises sérias e de pânico nos mercados. Se o custo histórico permanecesse como método de valorização dos activos financeiros, quem garante que os investidores não assumiriam o pior dos cenários e tenderiam, ainda mais, a desfazer-se dos títulos? O *fair value,* ao menos, impõe, nessa fase, uma valorização mais realista.

Em que ficamos no meio de todas estas vantagens e desvantagens de um e outro método? Na parte conclusiva deste capítulo terei oportunidade de exprimir uma posição mais enformada pela análise de todas as classes de activos e dos méritos e deméritos que o justo valor e o custo histórico implicam na respectiva valorização. Para já, ficam assinalados alguns efeitos possíveis das duas alternativas, e das escolhas difíceis que os reguladores têm de efectuar.

Ainda dentro dos activos correntes temos, essencialmente, contas a receber e inventários. O que dispõem as NCRF sobre estes tipos de activos?

Sobre as contas a receber de clientes, já vimos que devem ser mensuradas ao valor histórico menos perdas por imparidade. No plano de contas do SNC, a conta 21.9 – "Perdas por imparidade acumuladas" é o espelho destas perdas estimadas em dívidas a receber de clientes, por contrapartida de uma conta de gastos, a 65.11 – "Perdas por imparidade em clientes".

Sobre os inventários rege a NCRF 18.

Esta estabelece que:

§9 – *Os inventários devem ser mensurados pelo custo ou valor realizável líquido, dos dois o mais baixo.*

§28 – *O custo dos inventários pode não ser recuperável se esses inventários estiverem danificados, se se tornarem total ou parcial-*

mente obsoletos ou se os seus preços de venda tiverem diminuído. O custo dos inventários pode também não ser recuperável se os custos estimados de acabamento ou os custos estimados a serem incorridos para realizar a venda tiverem aumentado. A prática de reduzir o custo dos inventários (write down) para o valor realizável líquido é consistente com o ponto de vista de que os activos não devem ser escriturados por quantias superiores àquelas que previsivelmente resultariam da sua venda ou uso.

§30 – As estimativas do valor realizável líquido são baseadas nas provas mais fiáveis disponíveis no momento em que sejam feitas as estimativas quanto à quantia que se espera que os inventários venham a realizar. Estas estimativas tomam em consideração as variações nos preços ou custos directamente relacionados com acontecimentos que ocorram após o fim do período, na medida em que tais acontecimentos confirmem condições existentes no fim do período.

§33 – Em cada período subsequente é feita uma nova avaliação do valor realizável líquido. Quando as circunstâncias que anteriormente resultavam em ajustamento ao valor dos inventários deixarem de existir ou quando houver uma clara evidência de um aumento no valor realizável líquido devido à alteração nas circunstâncias económicas, a quantia do ajustamento é revertida (i.e. a reversão é limitada à quantia do ajustamento original) de modo a que a nova quantia escriturada seja o valor mais baixo do custo e do valor realizável líquido revisto.

Observa-se assim que a NCRF 18 impõe a obrigatoriedade de reconhecer uma desvalorização nos inventários *(write down)* caso o valor realizável líquido seja inferior ao custo. Tal desvalorização deve ser baseada nas estimativas mais fiáveis do valor realizável líquido, e deverá ser revertida caso, posteriormente, surjam elementos que permitam concluir que a referida perda de valor foi anulada.

De notar que já no âmbito do POC a prática de registar as existências pelo mais baixo do custo ou valor de mercado estava instituída. Uma vez mais, busca-se o objectivo de não apresentar nas demonstrações financeiras elementos activos por valores superiores ao montante realizável.

Também aqui as quantias inscritas têm por padrão comparativo o valor de mercado (ou o justo valor) que se obteria pela venda ou uso das existências.

Em conclusão (parcial) acerca dos activos correntes, pode afirmar-se que, para uma larga fatia dos activos financeiros, para as contas a receber e para os inventários, o justo valor (entendido como valor de mercado objectivamente determinável ou valor estimado) impôs-se como elemento fulcral no SNC. Em relação ao POC, a principal diferença estará nos instrumentos financeiros mensurados ao justo valor, com o respectivo reconhecimento de ganhos e perdas não realizados. As perdas potenciais já o POC as consagrava, mas não os ganhos. No POC vigorava um princípio de reconhecimento de ganhos assente na realização; com o SNC tais ganhos poderão ser meramente potenciais.

Porém, em meu entender, e como já referi, nas classes de activos mais líquidos – sem perder de vista a muito relevante alteração nos instrumentos financeiros que consistiu no afastamento, em certos casos, do princípio da realização – será onde mais facilmente os valores de balanço poderão igualar ou aproximar-se de valores de mercado ou equivalentes. Mais difícil será nos activos não correntes. Como lida o SNC com isso?

ii) Activos não correntes

O objectivo principal deste texto é, como se disse na Introdução, o tratamento contabilístico-fiscal das desvalorizações e perdas por imparidade no âmbito do regime consagrado no POC/CIRC e, depois, no SNC e no novo CIRC resultante da adaptação das normas fiscais ao novo contexto contabilístico. Essa análise será feita, com desenvolvimento, nos capítulos seguintes deste livro. Assim, neste capítulo primeiro, apresenta-se uma breve abordagem ao tema, destinada apenas a permitir averiguar em que medida o custo histórico e o justo valor têm vindo a ser usados na valorização de activos fixos tangíveis e intangíveis.

Activos fixos tangíveis

A NCRF 7 – Activos fixos tangíveis (AFT) adopta dois modelos de mensuração: o modelo do custo (no qual do activo é escriturado pelo custo histórico menos depreciações e perdas por imparidade acumuladas) e o modelo de revalorização (no qual o bem é periodicamente revalorizado). Neste último caso, a revalorização é feita com base no justo valor.[15]

Ainda neste segundo caso, estabelece a norma que, não havendo provas com base no mercado para calcular o justo valor, o modelo de revalorização não deve ser usado.

Que concluir daqui?

Em primeiro lugar que fica agora à disposição das entidades que preparem e divulguem informação financeira no âmbito do SNC uma opção pelo método da revalorização, o qual assenta no justo valor[16]. Este é entendido como valor de mercado. Tal facto vem, mais do que no POC, possibilitar a aproximação das quantias registadas dos activos fixos tangíveis aos respectivos valores de mercado.

Com efeito, no POC já se consagravam reavaliações. Mas com um carácter excepcional, e não como resultado de método ou modelo regular de mensuração. É certo que a NCRF 7 dispõe que não havendo prova para o justo valor com base no mercado, deve então usar-se o modelo do custo. Poderá daqui concluir-se que, para os bens que não tenham um preço observável no mercado, vigora ainda o custo histórico?

É muito duvidoso que se possa responder afirmativamente. É que, ao introduzir os testes de imparidade (e o § 63 da NCRF 7 remete para a NCRF 12 – Imparidade de activos, a fim de se determinarem as eventuais perdas por imparidade), o caminho avança seguramente no sentido de imputar aos AFT cada vez menos o custo histórico e cada vez mais o seu valor recuperável (pela venda) ou o valor de uso (entendido como valor actual dos fluxos de caixa descontados gerados pelos activos).

Em síntese, nos AFT, e face ao normativo anterior, a via escolhida foi a de intensificar a aproximação aos justos valores entendidos como valo-

---

[15] De notar que a NCRF 7 não coloca o modelo da revalorização como totalmente alternativo ao do custo histórico. Com efeito, os §§ 74 e segs. desta norma obrigam a que o reconhecimento inicial se faça pelo custo. Só a mensuração subsequente se poderá efectuar pelo modelo da revalorização, se os pressupostos para a sua aplicação se verificarem. A mesma lógica se pode observar na NCRF 11 – Propriedades de investimento, §§ 20 e 35 e segs.

[16] Como se referiu na nota anterior, as NCRF que admitem o modelo de revalorização não deixam de colocar alguns limites ao seu uso. Mas, para todos os fins, o modelo está efectivamente consagrado como via alternativa regular para a mensuração de certos activos.

res de mercado (preferencialmente), ou como quantias recuperáveis através do valor de uso. O modelo da revalorização assenta, por definição, na regular revisão dos valores respeitantes ao custo, escriturando-os, para mais ou para menos, consoante o valor de mercado se modifique.

No modelo do custo, sendo a quantia inicialmente escriturada diminuída por depreciações e perdas por imparidade, estas procuram, em cada momento de teste, aproximar o valor inscrito no balanço à quantia recuperável do activo.

Activos intangíveis

Sobre este ponto, uma nota prévia. Para além de conter uma sintética abordagem ao tratamento que a NCRF 6 – Activos intangíveis reserva para estes bens (análise idêntica à que se acabou de efectuar para os AFT) veremos, com algum aprofundamento, a razão pela qual nos parece que, a curto ou médio prazo, o caminho que vem sendo trilhado, no sentido de o balanço reflectir cada vez mais valores de mercado e cada vez menos custos históricos, não terá o seu corolário lógico: o de permitir, em cada momento de relato financeiro, apurar, pela leitura do balanço, o valor de mercado da entidade. Esta evolução contabilística, que assim subordinaria todos os outros destinatários às conveniências dos investidores (*maxime*, os accionistas), requereria que a contabilidade permitisse inscrever no balanço um elemento que, até hoje, sempre foi categoricamente negado: o *goodwill* gerado internamente.

Só assim se poderia tentar aproximar os valores dos activos líquidos do balanço ao valor de mercado da entidade. Ora como se verá, este passo equivale, na contabilidade, à passagem do Rubicão. Até hoje não foi dado. E, a nosso ver, no dia em que se der, pode afirmar-se que existiu, aí sim, uma alteração contabilística de consequências dificilmente calculáveis.

Mas vamos ao que importa, até chegarmos ao fundo da razão da afirmação anterior.

A NCRF 6 – Activos intangíveis distingue, tal como a NCRF 7 – Activos fixos tangíveis, dois modelos de mensuração: o do custo menos depreciações e perdas por imparidade, e o da revalorização.

Da mesma forma que a NCRF 7, também a NCRF 6 (designadamente nos seus § 77, 80 e 81) evidencia uma série de cautelas a ter em conta na mensuração dos intangíveis pelo modelo da revalorização. Começa por reconhecer a – óbvia – situação de que serão muito limitados os casos em que haverá mercado activo para a maioria dos elementos intangíveis. Reafirma, depois, que não existindo um valor de mercado que possa ser a base do justo valor no qual assentem as revalorizações periódicas, então deve usar-se o modelo do custo.

A mesma problemática que atrás se analisou relativamente aos AFT aplica-se aos intangíveis. Na verdade, a revalorização e a introdução de testes periódicos de imparidade com referência à quantia recuperável deslocam o eixo gravitacional da mensuração mais para o lado do justo valor, afastando-o do custo histórico.

Em traço geral, parece-me que o SNC veio, na linha do normativo internacional onde se inspira, encaminhar progressivamente a informação financeira para um paradigma assente no justo valor. Mesmo nos activos fixos, onde a aplicação de um tal princípio esbarra com a natureza de longo prazo dos activos, as dificuldades que muitas vezes existem em encontrar um preço de mercado e os problemas em estimar quantias recuperáveis com base no valor de uso, não disfarçam a orientação para o justo valor.

Chegou-se ao ponto de poder afirmar que, a ser assim, o balanço tenderá a apresentar activos líquidos aproximados do valor de mercado da entidade? À primeira vista parece ser esse o objectivo. Mas a proibição (NCRF 6, § 47) de reconhecer *goodwill* gerado internamente afasta, para já e, creio, nos anos mais próximos, tal perspectiva.

Valor da entidade, mensuração de activos, e *goodwill* gerado internamente[17]

A problemática da contabilização do *goodwill* – entendido, no plano estritamente quantitativo, como o excesso do preço pago por adquirir uma certa entidade económica relativamente ao justo valor dos seus

---

[17] Segue-se de perto, nesta secção, Martins (2009 a).

activos identificáveis – é um dos temas mais (in)tratáveis da contabilidade[18].

No âmbito mais geral do reconhecimento e mensuração de intangíveis, a possibilidade da relevação contabilística do *goodwill* gerado internamente, isto é, o suposto valor de activos imateriais que não se encontram inscritos nas demonstrações financeiras (balanço), tem sido fonte de forte polémica.

Com efeito, Rodrigues (2006:270) afirma: "(...)*trata-se de reconhecer nas demonstrações financeiras todos os activos, tangíveis ou intangíveis, detidos pela empresa, independentemente da forma como passaram a fazer parte do património (adquiridos ou gerados internamente)*".

É certo que a própria autora reconhece a dificuldade de medição, mas entende que o sentido do caminho que o sistema contabilístico deveria percorrer é esse, o de reconhecer como *goodwill* interno o conjunto de intangíveis que geram valor e que não são habitualmente inscritos no balanço.

Estas polémicas contabilísticas são, entre nós, relativamente novas. Em especial, o tratamento de activos intangíveis surgiu, como questão de debate científico, em países onde as empresas começaram a assentar boa parte da sua competitividade já não em activos tangíveis e sim em activos imateriais e, também, onde existia tradição académica de investigação em contabilidade.

O problema do *goodwill* consiste, em meu entender, numa variante de um dos problemas centrais – talvez o problema mais central – da decisão económica: como quantificar o valor actual de benefícios futuros, e afectar bens escassos a usos alternativos baseando tal afectação em expectativas de rendibilidade? Foi este o problema analisado por Schumpeter (1934), e foi também uma questão a que Keynes (1936) atribuiu, em passagens pouco citadas mas de capital importância na *General Theory*, um papel fundamental na evolução do sistema económico.

Na verdade, para o primeiro dos referidos autores, a função central que o empresário desempenha nos processos de inovação e crescimento

---

[18] Vide, por todos, Rodrigues (2006) que efectua uma exaustiva descrição das questões suscitadas pela análise do *goodwill*,. Veja-se, também, Silva e Pereira (1999) e, ainda, Weston J., Chung K. e Juan S., (1998). Também entre nós Lopes (2008) dedicou extensa e importante análise ao tema.

económico é o resultado da constante detecção de actividades nas quais as expectativas de rendibilidade superem as de outras actividades existentes. A deslocação de recursos entre essas actividades é uma das razões fulcrais da designada "destruição criativa" do capitalismo e dos ciclos económicos que o caracterizam.

Keynes, mais conhecido pela teoria da procura efectiva, não deixou de reflectir, e o capítulo XII da *General Theory* constitui disso exemplo maior, sobre o papel dos empresários e dos *"animal spirits"* nos ciclos económicos, em particular o papel que as variações do investimento nele desempenham. Ora, a variável investimento, quando analisada de um ponto de vista empresarial, depende do confronto entre o desembolso necessário à aquisição de activos e as expectativas de rendibilidade que lhe estão associadas.

Sabe-se que, relativamente à avaliação de activos, tangíveis ou intangíveis, o método dos *cash flows* descontados é porventura o candidato mais forte a recolher o consenso mais alargado dos investigadores[19]. Mas a sua aplicação prática nunca produz resultados definitivos. Será então possível atingir-se algum dia um consenso definitivo no debate sobre o *goodwill*, no que toca à sua identificação e valorização? Quer no tocante ao *goodwill* reconhecido no seguimento de processos de aquisição, quer no *goodwill* interno que actividade empresarial pode gerar?

A complexidade crescente da vida empresarial não destinará à contabilidade, como a muitos outros ramos da economia e da gestão, o papel de se tentar adaptar às mudanças cada vez mais aceleradas de uma realidade que visa interpretar?

No âmbito do POC, a questão do *goodwill* podia surgir ligada à valorização e reconhecimento das chamadas "diferenças de consolidação", em entidades que, sob a forma de grupos, procediam à consolidação de contas. Ou em operações de aquisição nas quais se reconhecesse valor para o trespasse. De facto, a DC 12 – ponto 2 – que tratava do Conceito Contabilístico de Trespasse, determinava que *"esta realidade (o trespasse) corresponde assim ao que na literatura internacional da especialidade se designa por "goodwill", "fonds de commerce" ou "aviamento"*.

---

[19] Veja-se Brealey e Myers, (2003) ou Damodaran (1996).

A DC 12, por seu lado, remetia a noção de trespasse para a DC 1. Esta, no seu ponto 3.2.5, estabelecia que *"se o justo valor de activos e passivos identificáveis for inferior ao custo de aquisição, a diferença deve ser reconhecida e amortizada numa base sistemática"*.

Ou seja, preconiza-se o reconhecimento do *goodwill* em operações de aquisição, estabelece-se o seu modo de cálculo e preceitua-se a respectiva amortização sistemática. Tratava-se, pois, de reconhecer como um activo imaterial a diferença entre o preço pago em operações de aquisição e o justo valor dos activos adquiridos. Porém, apesar do tratamento que, no anterior normativo, se encontra para o *goodwill* reconhecido em contas individuais ou contas consolidadas de grupos, nunca esse normativo se refere à possibilidade de registo do *goodwill* gerado internamente.

Esta dualidade de critérios foi criticada por muitos[20]. Não era lógico, argumentava-se, que se reconhecesse o *goodwill* em operações de aquisição e não se permitisse que uma entidade fosse registando o *goodwill* que a sua actividade ia gerando.

A meu ver, as desvantagens desse eventual reconhecimento – que radicam na óbvia dificuldade de mensuração e também na manipulação da informação que permitiram – não compensariam as vantagens. Estas decorreriam de, supostamente, o balanço reflectir melhor o real valor da entidade.

Com efeito, para se reconhecer e divulgar um valor para o *goodwill* gerado internamente, seria necessário computar qual o montante a inscrever no balanço como resultado dos benefícios económicos futuros dos tais activos imateriais. Ora, desde logo, surgem quatro questões, todas de muito difícil resposta. Primeira: como estimar os benefícios esperados? Segunda: durante que período de tempo ocorreriam tais benefícios? Terceira: que taxa de desconto usar para calcular o valor presente desses benefícios esperados? Por último: de que activos (ainda não reconhecidos) proviriam tais benefícios?

Enfim, em face da complexidade das questões aludidas, a simples aplicação do princípio da prudência tem influenciado o legislador no sentido de não autorizar um excessivo grau de "imaginação" no apuramento dos valores de certos activos. Já basta o que basta...

---

[20] Vide, uma vez mais, Rodrigues (2006).

Das posições que muitos defensores deste reconhecimento dos activos imateriais gerados internamente vão tomando, poder-se-ia inferir que o valor actual líquido (VAL) de um projecto de investimento em activos fixos deveria ser capitalizado no balanço, por contrapartida de um aumento do capital próprio, que reflectiria o incremento da riqueza dos proprietários. Facilmente se imagina o que seria da informação financeira se esta fosse a regra a seguir.

Estes problemas decorrentes do reconhecimento do *goodwill* gerado internamente também não estão ausentes (bem ao contrário) das estimativas das perdas por imparidade do *goodwill* adquirido[21]. Todavia, dado que, como mais adiante se analisará com pormenor, o *goodwill* resultante de aquisições teve como origem uma estimativa (quantificável por entidade externa à empresa adquirida) de rendibilidade supra normal, então o teste de imparidade é, a meu ver, e pese embora o grau de subjectividade a ele inerente, uma solução conceptualmente apropriada. Ele permite confrontar periodicamente se o *goodwill* reconhecido na aquisição continua a justificar-se como activo intangível expresso no balanço.

A solução de amortizar o *goodwill*, ocasionando embora gastos de mais directa e objectiva quantificação, não me parece tão defensável como a comparação sistemática dos benefícios esperados incluídos no *goodwill* com a sua efectiva avaliação periódica, reconhecendo perdas quando dessa avaliação resultar que a estimativa inicial de benefícios se revelou excessiva.

Saliente-se ainda que, em meu entender, a preferência que mostro pela sujeição do *goodwill* testes de imparidade não significa que tal operação não esteja eivada de complexidade. Aliás, uma boa parte deste livro – pontos 11 a 13 – é precisamente dedicada a mostrar tais problemas e as possíveis vias de resolução. Todavia, sendo esta a solução adoptada pelo SNC, na esteira do normativo internacional, o propósito essencial é o de, mostrando as dificuldades práticas da sua concretização, apresentar os métodos e ferramentas para tal disponíveis e a forma de os operacionalizar.

---

[21] Estes aspectos foram particularmente suscitados por Ana Maria Rodrigues, a quem devo a importante nota analítica. Apesar das discordâncias que temos sobre o assunto, não deixo de reconhecer pertinência a alguns dos seus argumentos.

Em suma, e vale a pena reafirmá-lo, julgo existirem boas razões para o tratamento que tem vindo a ser consagrado ao *goodwill* interno. Será que o SNC mudou a agulha?

Como já referi, desde há algumas décadas que a contabilidade financeira (entre nós também designada por contabilidade geral) tem vindo a ser objecto de profundas discussões. Um dos assuntos mais debatidos tem, como já se referiu, que ver com o confronto entre métodos de registo dos activos, em especial os intangíveis.

Na verdade, o método tradicional do custo histórico, conjugado com os critérios de reconhecimento de activos, apresenta, segundo os seus críticos, problemas graves. Um primeiro diria respeito à deterioração do grau de veracidade das demonstrações financeiras, sempre que o valor de mercado dos activos se afastasse significativamente do valor pelo qual constavam em tais demonstrações. Um segundo, a impossibilidade de reconhecimento no balanço de certos activos gerados internamente e cruciais para a posição competitiva das empresas, tais como o capital intelectual, as marcas, ou, em certos casos, as despesas de I&D.

Um bom exemplo desta linha de argumentação consta da afirmação de J. Garten, ao tempo *dean* da Yale Business School: "(...) *changes in the world's industrial structure are threatening to make existing accounting standards obsolete*".[22]

A isto respondem geralmente os defensores do modelo tradicional, que a contabilidade não dispõe de métodos aceitáveis para medir tais activos. Deve, por isso, circunscrever a sua função, e não contribuir, através da inserção nas demonstrações financeiras de activos não só de duvidosa natureza, mas também e sobretudo de muito difícil quantificação, para tornar a informação divulgada menos relevante e fiável.

Citando ainda o artigo referido na nota anterior, aí pode ler-se: "*The problem with all this is that nobody inside the accounting profession has much idea of how to put a numerical value on internally generated intangible assets, at least not while staying true to the principle of reliability*".

Assim, entre outros, aspectos como o reconhecimento de *goodwill* gerado internamente, ou os critérios que os gastos com I&D devem

---

[22] In, "New trends in accounting", *The Economist*, May 2001, p.78.

satisfazer para serem reconhecidos como activos intangíveis, são pontos de grande importância na definição da estrutura conceptual e das normas de relato financeiro (NCRF).

Para os utentes da informação financeira, o reconhecimento de um dispêndio como um activo ou como um gasto tem efeitos bastante diversos. Tais efeitos reflectem-se na avaliação do desempenho histórico da entidade e na fundamentação de previsões relativas à capacidade de geração de benefícios futuros, pelo que constituem elementos centrais nos processos de avaliação e, consequentemente, nas decisões dos investidores, clientes, fornecedores, credores e outros interessados. Trata-se, pois, de uma área bastante sensível, onde a normalização contabilística tem de impor regras por vezes nada fáceis de aplicar.

Os diplomas legais que regem a preparação das demonstrações financeiras constituem peças nucleares dos sistemas de elaboração dessas demonstrações, e influenciam as decisões de um vasto leque de utentes da informação. As escolhas feitas em matéria de reconhecimento de activos são assim uma área de forte relevância profissional para todos os interessados na elaboração e utilização das demonstrações financeiras das empresas.

Como se materializou no SNC o resultado deste debate entre diferentes paradigmas da contabilidade financeira? Aproxima-se o novo normativo de uma perspectiva mais flexível no reconhecimento de activos, indo assim ao encontro do que parece ser a corrente dominante nas academias? Ou optou por uma versão mais prudente, continuando e exigir critérios de reconhecimento mais rígidos?

A estrutura conceptual do SNC – que estabelece os conceitos que estão subjacentes à preparação e apresentação das demonstrações financeiras para utentes externos – define, no seu § 49, activo como sendo *"um recurso controlado pela entidade como resultado de acontecimentos passados e do qual se espera que fluam para a entidade benefícios económicos futuros"*.

No § 58 também se estabelece que: *"há uma íntima associação entre dispêndios em que se incorre e activos que se geram, mas ambos não coincidem necessariamente. Daqui que, quando uma entidade incorre em dispêndios, isto possa proporcionar prova de que benefícios económicos futuros foram procurados, mas não é prova concludente de que um item que satisfaça a definição de activo tenha sido obtido"*.

Ainda na estrutura conceptual, são de destacar outros pontos adicionais. Assim, no § 34, afirma-se: *"Em certos casos, a mensuração dos efeitos financeiros dos itens poderá ser tão incerta que as entidades geralmente não os reconhecerão nas demonstrações financeiras; por exemplo, se bem que a maior parte das entidades gerem internamente trespasse (goodwill) no decorrer do tempo, é geralmente difícil identificar ou mensurar com fiabilidade esse trespasse."*

Ora, como se verifica, não foram acolhidas pelo SNC as sugestões de uma ala mais ousada da doutrina contabilística, que sustenta que as demonstrações financeiras devem não só evidenciar o *goodwill* em consequência de processos de aquisição, mas também de desenvolver métodos de medição e registo do *goodwill* gerado internamente.

Esta corrente defende que a adopção do princípio geral do custo histórico, conjugado com o não reconhecimento do valor de intangíveis internamente existentes (v.g., qualidade dos recursos humanos, marcas, fidelização de clientes, etc.) torna a informação divulgada de pouca valia para analisar o desempenho passado e formular expectativas sobre a evolução futura das entidades empresariais.

Mais: se a contabilidade não for capaz de reconhecer tais activos, a informação que produz não só é inútil para os utentes como será até nociva, porque afasta totalmente os montantes expressos no balanço do efectivo valor dos activos controlados pelas entidades.

Os críticos desta corrente afirmam, como já se salientou, que a contabilidade não deve ser permeada por excesso de estimativas e de juízos subjectivos – em que forçosamente a mensuração daqueles intangíveis deverá assentar – sob pena de, com maior probabilidade, se tornar um instrumento de manipulação nas mãos de gestores com menores escrúpulos.[23]

---

[23] Não se deve omitir, contudo, que os testes de imparidade também assentam, como já referi, em estimativas. Porém, o reconhecimento de *goodwill* gerado internamente eleva substancialmente o patamar de influência das previsões no reconhecimento de activos e, ao contrário da perdas por imparidade, não assenta na comparação com um valor de referência externamente apurado, como é o *goodwill* resultante de aquisições. Ou seja, o possível reconhecimento de *goodwill* interno e os testes de imparidade, ambos dependem da aceitação de estimativas como base de registos contabilísticos. Mas, a meu ver, retirar como consequência da introdução dos testes de imparidade que também se deverá reconhecer *goodwill* gerado internamente afigura-se conclusão excessiva, pois as duas situações estão em plano bem diverso. Na parte restante deste ponto 2 explico a razão.

Para estes críticos, a função da contabilidade será a de fornecer informação o menos permeável possível a estimativas subjectivas, deixando a outros agentes (analistas, agências de *rating*, banca, investidores em geral) o papel de quantificarem o suposto valor dos activos não reconhecidos no balanço.

Parece-me que o SNC adopta aqui uma posição realista, sem se deixar influenciar excessivamente por correntes que se pretendem mais modernas, mas que esquecem as enormes dificuldades de mensuração e o potencial de subjectividade que encerram.

Observa-se uma posição prudente relativamente à contabilização dos activos intangíveis resultantes de dispêndios realizados com vista à obtenção de benefícios económicos futuros. Como se verá com maior pormenor na análise da NCRF 6, o SNC define exaustivamente os critérios a satisfazer para que tais dispêndios possam originar activos intangíveis.

Também aqui, e dada a importância que os intangíveis revestem em muitas empresas ou sectores, é bem compreensível que a distinção entre gasto e activo seja balizada com a maior precisão possível. A deixar-se à administração das empresas uma excessiva margem de classificação, tal poderia redundar em resultados indesejáveis.

Basta lembrar as crises de 2001 (o rebentar da bolha das *"dot com"*) e a actual (criada pela sobrevalorização de activos e o nível de endividamento que usava tais activos como "garantias") para se concluir que, mesmo num paradigma contabilístico onde a valorização dos intangíveis tem algumas balizas, os investidores não são imunes à irracionalidade económica. Caso as demonstrações financeiras permitissem reconhecer activos imateriais – *maxime* o *goodwill* gerado internamente – facilmente se antevêem os resultados.

Tal como se fez para a estrutura conceptual, respiguemos da NCRF 6 algumas passagens que se reputam de particular interesse doutrinal.

Assim, o § 8 dessa Norma define activo intangível como *"activo não monetário identificável sem substância física"*.

O § 17, estabelece que *"Os benefícios económicos futuros que fluam de um activo intangível podem incluir réditos,(....) poupanças de custos, ou outros benefícios resultantes do activo pela entidade"*.

Sobre a separação entre o *goodwill* e outros activos incorpóreos, refere o § 35: *"O justo valor de activos intangíveis adquiridos em concentrações de actividades empresariais pode normalmente ser mensu-*

rado com fiabilidade suficiente para ser reconhecido separadamente do trespasse (goodwill)". E o § 47 estabelece que: *"O trespasse (goodwill) gerado internamente não deve ser reconhecido como activo".*

Que conclusões se retiram destes preceitos a serem aplicados no reconhecimento de certos activos incorpóreos?

Em primeiro lugar, e estando o reconhecimento de activos incorpóreos ligado a benefícios económicos futuros, tais benefícios terão sempre a natureza de estimativas.

O papel dos auditores merece aqui um claro realce. É sabido que episódios recentes mostraram menor diligência de alguns auditores em certas operações ou empresas. Todavia, muita da consistência prática do novo paradigma contabilístico assentará em auditores verdadeiramente independentes e capazes de discutir as opções da administração das empresas de forma não condicionada.

E note-se que este relevantíssimo papel dos auditores não é só necessário na área dos intangíveis. Na verdade, em aspectos como, por exemplo, a criação de provisões, a divulgação de passivos contingentes, (como definidos na NCRF 21), a verificação de perdas por imparidade (como definidas na NCRF 12), a verificação da informação financeira por peritos externos é de crucial importância para garantir a sua fiabilidade.

O êxito do SNC dependerá, em apreciável grau, da independência dos auditores para que estes sejam baluartes da fiabilidade da informação divulgada.

Voltando à NCRF 6, saliente-se a rejeição liminar contida na norma relativamente ao reconhecimento do *goodwill* gerado internamente e dos dispêndios na fase de investigação (pesquisa) como activos intangíveis. Julgo que, uma vez mais, se atendeu à dificuldade de avaliação daquele *goodwill* e da enorme incerteza que sempre existirá sobre os benefícios económicos futuros na fase de investigação.

Também aqui a linha trilhada no SNC me parece correcta. Privilegia-se a característica da fiabilidade, não permitindo que, neste campo do reconhecimento de intangíveis, os balanços sejam facilmente manipuláveis pelo registo de activos que, na verdade, poderão estar longe de o ser.

Note-se, em segundo lugar, que nas concentrações empresariais a norma não impede que, separadamente do *goodwill* adquirido, se possam registar activos intangíveis. É isto que se afirma no § 35, o qual condiciona tal reconhecimento à premissa de o justo valor de activos intangíveis adquiridos nessas concentrações empresariais possa ser mensurado com suficiente fiabilidade.

Enfim, a flexibilidade que se proporciona em certos casos não derruba o apego do SNC ao princípio de negar o reconhecimento do *goodwill* gerado internamente.

Que seja do meu conhecimento, nenhum normativo internacional de relevo admite o reconhecimento do *goodwill* gerado internamente. Mas, na transacção de uma entidade, constitui frequentemente esta a parcela mais representativa do preço pago. Com efeito, em especial em entidades cuja estrutura de activos tangíveis é menos relevante, o valor pago depende de oportunidades de negócios que a adquirida facultará, de poupanças de gastos que a combinação de estruturas empresariais poderá trazer, do contributo dos recursos humanos da adquirida, etc.

Ora são precisamente estes itens que, não sendo considerados activos de uma entidade, não se podem, e bem, capitalizar. Porquê? A isso respondem a NCRF 6 e a estrutura conceptual do SNC: porque não se podem medir fiavelmente, nem a entidade terá sobre eles o controlo necessário (por ex. nos benefícios esperados dos recursos humanos) para que se possa assumir que gerarão benefícios económicos futuros.

Assim, esta linha divisória, este limite até hoje inultrapassável, constitui um obstáculo decisivo no caminho de transformar o balanço num peça de informação financeira totalmente dominada pelo justo valor (entendido como a melhor aproximação ao preço de mercado do capital accionista) seja levado à sua conclusão final.

Será isto prejudicial? Negará aos utentes informação decisiva? A meu ver não.

Em primeiro lugar, porque existe nos mercados financeiros um grande número de profissionais (analistas) cuja função é a de combinar a informação de várias fontes a fim de, periodicamente, emitirem recomendações de compra ou venda de títulos. Tais recomendações são, naturalmente, precedidas do cálculo do valor das entidades, usando geralmente métodos assentes em projecções de fluxos de caixa descontados. Ora, no desenvolvimento desta tarefa, o apuramento do *goodwill* interno é, obviamente, efectuado. Trata-se, pois, de calcular qual o contributo dos ditos factores intangíveis para esse *goodwill* interno (v.g., quota de mercado, fidelidade da clientela, superior organização da entidade sob avaliação, competência da sua administração e dos restantes recursos humanos, domínio de marcas ou outros elementos diferenciadores que permitam a geração de rendas económicas puras).

Ou seja, apura-se em que medida a rendibilidade dos activos é superior ao custo do capital que os financia. Esta é a condição para a existência de *goodwill* interno. Se a rendibilidade dos activos for apenas idêntica ao custo do capital que os financia, o valor da empresa poderá ser apurado pela escrituração, ao valor de mercado, dos activos líquidos.

O trabalho dos analistas permite emitir para o mercado um vasto conjunto de opiniões, quase sempre divergentes, sobre o *goodwill* (quando ele existe) que a empresa se supõe ter criado, o que se repercutirá no preço de venda.

Mas mesmo este trabalho pode estar, como sustentam Healy e Palepu (2001 : 406) enviesado. Nas palavras dos autores: *"There is evidence that financial analysts generate valuable new information through their earnings forecasts and stock recommendations. However, there are systematic biases in financial analysts´ outputs, potentially arising from the conflicting incentives that they face".*

Poder-se-á também argumentar que a administração das entidades está na posse de mais e melhor informação (assimetria da informação entre *insiders* e *outsiders*) e poderia expressar no balanço uma melhor estimativa do *goodwill*. Não seria esse um factor que apontaria no sentido da permissão de contabilizar o *goodwill* interno?

Aqui entra a segunda das razões pelas quais entendemos que tal não será um bom caminho. É que a eventual vantagem de um melhor conhecimento será muito provavelmente anulada, e até mais do que compensada, pela tentação de manipulação que a capitalização do *goodwill* interno provocaria. A história recente dos mercados financeiros abunda em exemplos de administrações das empresas que não preparam a informação mais neutra e que melhor serve o conjunto das partes interessadas. É claro que não se pode tomar a parte pelo todo, mas a extensão do fenómeno está bem documentada na literatura, em especial nos mercados anglo-saxónicos, os mais expostos ao escrutínio que recai sobre a informação divulgada[24].

---

[24] Veja-se, Mulford e Comiskey (2002), Schilit (1993), Bushman e Smith (2001).

Em particular, o processo de falência da Enron e a fraude aí perpetrada estão bem documentados em Eichenwald (2005). O papel da empresa Arthur Andersen nessa fraude pode ver-se em Toffler (2003). A visão de um antigo presidente da SEC americana sobre práticas menos correctas de executivos dos EUA pode ver-se em Levitt (2002). Claro que a Europa também tem a sua quota parte nestas matérias. Basta lembrar o caso Parmalat e outros casos recentes no sector bancário.

Caso se permitisse a capitalização do *goodwill* interno, o grau de fiabilidade da contabilidade seria de tal modo diminuído que poderia ser um caminho sem retorno. A manipulação, cada vez mais tentadora, e a caixa de ferramentas para tal disponível teria sido aumentada de uma arma poderosa, à mercê de administrações menos escrupulosas.

De tudo o que se disse, julgamos que emergem algumas conclusões essenciais.

A contabilidade, por influência dos normativos internacionais, tem vindo, numa tendência mundial, a percorrer claramente um caminho que tem conduzido à introdução do justo valor onde antes o custo histórico era critério dominante (designadamente em activos fixos).

Por outro lado, a introdução do justo valor, se não trouxe alterações de vulto em créditos a receber ou em métodos de mensuração de existências, veio permitir o reconhecimento de ganhos potenciais, afastando o princípio da realização, e facultando a inscrição como elementos a incorporar nos lucros de variações de valor decorrentes de flutuações de preços entre datas de relato. Tal facto constitui acentuada mudança e, como se viu, pode ter impacto muito significativo nas decisões dos gestores em épocas de prosperidade e de depressão económica. O debate sobre o papel do *fair value* na crise bancária é um exemplo desse impacto.

Por fim, a filosofia contabilística de relegar para segundo plano o custo histórico e introduzir na avaliação elementos de balanço o justo valor não foi, em lado algum, levada à sua extrema consequência lógica: a de permitir capitalizar o *goodwill* gerado internamente. Esse passo ainda ninguém ousou dar. Mas, sem ele, o valor de uma entidade ficará sempre incompleto. Ou seja, não estará espelhado no balanço. Enquanto o critério de reconhecimento de activos for centrado no controlo e na estimativa de benefícios associados ao controlo de recursos, será muito difícil admitir o reconhecimento desse intangível. Para já, os normativos recusam-no categoricamente. Mas há quem pugne por essa extensão do justo valor. Veremos o que o futuro reserva, mas trata-se de caminho perigoso...

3.
O que resta do custo histórico: uma contradição normativa no SNC?

De quanto vimos afirmando, poderá porventura inferir-se que o custo histórico tem vindo a ser relegado pelos IFRS (e também pelo SNC) para um lugar secundário. Está este princípio condenado a, paulatinamente, deixar de constituir um pilar da informação financeira? A estrutura conceptual do SNC[25] não apresenta o custo histórico como um dos "Pressupostos subjacentes à elaboração das demonstrações financeiras", nem como uma das suas "Características qualitativas". Por comparação com o POC, parece, à primeira vista, que a peça central na definição de conceitos e princípios contabilísticos no âmbito do SNC – a referida estrutura conceptual – marca o rebaixamento do custo histórico a um papel menor.

Mas, numa leitura mais atenta, não é exactamente assim. Na verdade, nos § 1, 98 e 99 dessa estrutura estabelece-se o seguinte:

§ 1 – ... As demonstrações financeiras são a maior parte das vezes preparadas de acordo com um modelo de contabilidade baseado no custo histórico recuperável (...) Isto não significa que outros modelos não pudessem ser mais apropriados, a fim de ir ao encontro do objectivo de proporcionar informações específicas".

§ 98 – São utilizadas diferentes bases de mensuração em graus diferentes e em variadas combinações nas demonstrações financeiras. Elas incluem as seguintes:
  a) Custo histórico....
  b) Custo corrente....
  c) Valor realizável (de liquidação).
  d) Valor presente....
  e) Justo valor....

---

[25] Ver Aviso n.º 15652/2009, de 7 de Setembro.

99 – A base de mensuração geralmente adoptada pelas entidades ao preparar as suas demonstrações financeiras é o custo histórico. Este é geralmente combinado com outras bases de mensuração. Por exemplo, os inventários são geralmente escriturados pelo mais baixo do custo ou do valor realizável líquido, os títulos negociáveis podem ser escriturados pelo seu valor de mercado e os passivos por pensões de reforma são escriturados pelo seu valor presente.

De salientar ainda, que a NCRF 11 – Propriedades de investimento, determina o seguinte:

"§ *51 – O justo valor difere do valor de uso, tal como definido na NCRF 12-Imparidade activos. O justo valor reflecte o conhecimento e as estimativas de compradores e vendedores conhecedores e dispostos a isso. Em contraste, o valor de uso reflecte as estimativas da entidade, incluindo os efeitos de factores que podem ser específicos da entidade (...) Por exemplo, o justo valor não reflecte qualquer dos seguintes factores na medida em que não estariam geralmente disponíveis para compradores e vendedores conhecedores e dispostos a isso:*

a...

b) Sinergias entre propriedades de investimento e outros activos

c...

d) Benefícios fiscais ou encargos fiscais que sejam específicos ao dono actual."

A estrutura conceptual reafirma a importância do custo histórico na preparação das demonstrações financeiras. O § 99 é, sobre este ponto, bastante explícito. Todavia, as restantes peças da estrutura normativa (designadamente as NCRF) introduzem o justo valor em inúmeras circunstâncias, o que retira boa parte da natureza referencial do custo histórico que consta da estrutura conceptual.

A identificação do valor de uso como um dos métodos (especialmente na ausência de preços observáveis) para computar o justo valor tem, na NCRF 11, um sério aviso acerca dos inconvenientes que daí podem advir. Esta NCRF estabelece uma distinção clara entre os valores apurados segundo o justo valor e o valor de uso. Neste último, em muitas outras NCRF usado como *proxy* do justo valor, admite-se a influência de factores que são do conhecimento específico dos *insiders* da entidade, e não de *outsiders*. Esta hipotética divergência entre valor de uso e justo valor – e logo tão expressamente reconhecida numa NCRF – evidencia bem que o justo valor, quando apurado por métodos assentes no valor de uso e não no valor de mercado, pode enfermar de grave desadequação.

Reafirme-se, porém, que, pese embora o relevo que o custo histórico apresenta na estrutura conceptual, as NCRF que tratam da mensuração da activos acabam por diminuir esse relevo. Com efeito, a NCRF 27 – Instrumentos financeiros admite, em várias circunstâncias, o justo valor como critério de mensuração. As NCRF 17 e 18 (respectivamente sobre Agricultura e Inventários) também estabelecem as várias circunstâncias em que se deve usar o justo valor. As normas 6 e 7 (relativas a Activos intangíveis e Activos fixos tangíveis) determinam como critérios de valorização ou o custo histórico – mas ainda assim corrigido de perdas por imparidade – ou o custo revalorizado. Ora, como se vê, em muitas situações o custo histórico cede face ao apuramento de quantias recuperáveis. Estas serão baseadas em preços de mercado ou em valores de uso. Não tenho pois dúvida em afirmar que apesar da ênfase que a estrutura conceptual outorga ao custo histórico, as diversas NCRF que tratam da mensuração de activos acabam, na prática, por diminuir esse relevo.

4.
A informação financeira, seus destinatários e valorização de recursos: uma visão pessoal

Como já se deixou antever, a investigação em contabilidade tem, sobre a questão relativa aos destinatários da informação financeira, duas linhas de análise bastante diferentes. De um lado estão os que entendem que o objectivo primordial da informação financeira é o de servir de base para a valorização das entidades empresarias (*inputs to valuation theory*). Do outro, os que entendem que os utilizadores da informação financeira são constituídos por um vasto conjunto de partes interessadas e que, por isso, a informação não deve ser preparada tendo em mente os objectivos de um grupo em detrimento dos demais.

4.1. O justo valor e a informação financeira vista essencialmente como elemento de valorização das empresas

A principal força subjacente ao movimento que, nas últimas décadas, surgiu no âmbito da contabilidade no sentido de aproximar o normativo do justo valor e de o afastar do custo histórico tem a sua origem nas finanças empresariais (*corporate finance theory*). Esta linha de orientação foi seguida por muitos destacados cultores da ciência contabilística.

Exprimindo uma posição muito comum aos autores da área financeira, Bodie e Merton (2000:74) afirmam que, para a decisão financeira, o valor contabilístico é geralmente irrelevante, sendo o valor de mercado aquele que deve nortear a decisão.

Questionam-se os autores por que razão o valor contabilístico expresso nas demonstrações financeiras se afasta geralmente do valor de mercado. Entre as causas apontadas, mencionam a óbvia razão de os activos e passivos incluídos no balanço estarem (na maior parte) avaliados ao custo histórico – menos depreciação – em vez de a valores de mercado (*current market values*). E interrogam-se: qual dos dois valores é mais relevante para a decisão financeira?

No seguimento de vários exemplos – relativos a activos fixos, onde o afastamento dos valores é, como já vimos, mais provável – concluem: "*we know from first principles in economics that the relevant value is the asset's opportunity cost, which is the asset's value in the best alternative use. Clearly, this value is best approximated by the market value of the equipment(...) whereas the book value is essentially irrelevant.*"

E, num tom laudatório à evolução da contabilidade, não deixam de acrescentar (subl. meu): "*It is worth noting that the accounting profession has moved slowly toward market-value–based accounting in a effort to be more relevant to decision makers. (...) Revaluing and reporting a firm's assets and liabilities at their current market prices is called marking to market*".

Ross *et al* (2002:24) salientam também, no mesmo tom (it. dos autores): "..the terms *carrying value* and *book value* are unfortunate. They specifically say "value", when in fact accounting numbers are based on cost (...).Many users of financial statements, including managers and investors, want to know the value of the firm, not its cost".

Ainda os mesmos autores – e com eles a generalidade dos tratadistas de finanças – sentem a obrigação de demonstrar que os preços de mercado – *maxime* os preços que se formam nos mercados financeiros – são justos *(fair)*. Como o fazem? Através da afirmação de que a hipótese dos mercados serem eficientes *(efficient market hypothesis* – EMH) se verifica.

Um bom resumo desta hipótese é apresentado por Ross *et al* (2002). Em síntese, a EMH estabelece que num mercado eficiente toda a informação disponível para os investidores está incorporada no preço dos activos aí transaccionados.

Também Regnier (2009:34) apresenta uma perspectiva muito clara sobre a questão. Refere o autor: " *The stock market is made up of lots of buyers and sellers who have access to the same information. If you think Microsoft is cheap at $29 a share, you are betting that you know something that the trader selling it to you (...) has not figured out. That is a tough bet to win more than half the time. The efficient markets hypothesis also says that if some pattern or formula emerges that leads to higher returns with no extra risk, it will disappear quickly as investors (...) exploit it. If you want to get a higher return you have to take on more risk"*.[26]

Desta hipótese decorrem duas implicações. Primeira: que as variações de preço dos títulos estão relacionadas com informação nova que chegue ao mercado. Segunda, que nenhum investidor que use a informação disponível para o mercado em geral consegue "bater o mercado". Isto é, obter um retorno supra normal, uma taxa de rendibilidade efectiva superior à esperada, em função do risco.

A EMH é usualmente apresentada segundo três variantes: a fraca, a semi-forte e a forte. A primeira estabelece que o preço dos títulos é influenciado pela informação relativa aos preços passados, históricos. A semi-forte presume que os investidores usam toda a informação publicamente disponível no processo de formação dos preços. A forte assenta na hipótese de que os investidores usam toda a informação, pública e privada, ou seja também utilizam *inside information,* na formação dos preços.

---

[26] De salientar que, nos últimos anos, uma corrente da teoria financeira – a designada finança comportamental – tem posto em causa esta racionalidade dos investidores. Existem padrões de comportamento que permitem colocar em causa a hipótese da eficiência dos mercados. Para uma aplicação ao caso português, veja-se Fernandes e Martins (2002), onde se inspira a secção 4.2.

Ross *et al* (2002:365) concluem que *"the evidence from different financial markets supports weak-form and semistrong-form efficiency but not strong-form efficiency"*.

Bodie e Merton (2000) explicam como os preços dos activos transaccionados em mercados financeiros são justos valores desses activos. O facto de inúmeros analistas competirem entre si pelas melhores oportunidades de investimento implica que a informação que chega ao mercado seja rapidamente incorporada nos preços[27]. Assim, este processo de descoberta do valor intrínseco dos títulos assegura que, em cada momento, o preço formado possa ser considerado um valor justo. Nas palavras dos autores: *"the market price becomes a better and better estimate of fair «value» and it becomes more difficult to find profit opportunities"*.

Num paradigma dominado por mercados eficientes e pela consideração de que os preços de mercado são a melhor estimativa dos justos valores, a manipulação da informação financeira não serviria para influenciar o preço dos activos. Os gestores não teriam, pois, qualquer benefício em tentar manipular os mercados. Assim, por exemplo, a mudança de métodos de custeio (LIFO para custo médio ponderado), a mudança de métodos de depreciação (quotas constantes para degressivas), a diferente contabilização das aquisições (método da compra ou da comunhão de interesses) não se repercutiria em alterações de preços, pois na conhecida expressão da literatura financeira *"markets see through earnings"*.

Como sustentam Copeland *et al* (2000:78): *"Does the market respond naively to accounting numbers or does it look deeper? Many managers seem obsessed with reported earnings. Yet, the evidence is clear: the market looks much deeper than reported earnings"*.

Segundo esta corrente de pensamento, que conclusão fundamental se retira no tocante ao papel da informação financeira? A de que não adianta centrar essa informação no reporte de resultados influenciados por políticas contabilísticas cuja base é o custo histórico (depreciações, ajustamentos), pois destas nunca se retirará o verdadeiro valor da empresa.

Então, só valerá a pena a contabilidade caminhar para o objectivo de fornecer informação que reporte o preço dos activos ao respectivo valor

---

[27] Um estudo empírico que mostra que a forma de incorporação da informação no preço dos títulos validaria a hipótese de os mercados serem eficientes no sentido semi forte pode ver-se em Sturm *et al* (2008).

de mercado (melhor: ao justo valor entendido como preço de mercado ou, como alternativa secundária, valor de uso). Só assim estará a dar aos investidores informação relevante acerca do valor de mercado da entidade, o que permitirá aos interessados decidir melhor.

Em suma: a teoria da finança empresarial tem constantemente apontado a irrelevância dos valores (históricos) da contabilidade para o processo de decisão financeira. Será provável que a contabilidade tenha deixado permear por um sentimento de que só teria ganho alforria quando servisse os interesses dos investidores e reportasse valores de mercado? Em meu entender essa não é a menor das razões da evolução que se tem verificado nos padrões de relato contabilístico.

Como exemplos deste sentimento que grassou na área da investigação em contabilidade, segundo o qual a informação proporcionada pelas demonstrações financeiras ia perdendo utilidade por assentar no princípio do custo histórico e em activos identificáveis, veja-se a seguinte posição de Kieso e Weygandt (1998:593): "os activos realmente importantes são aqueles que os contabilistas ainda não contabilizam". Num sentido idêntico, Lev e Zarowin (1999) pronunciam-se pela perda de relevância do informação financeira ao não reconhecer muitos intangíveis que constituem fonte de criação de valor, designadamente os gerados internamente.

Também sustentando semelhante linha de argumentação se encontram Calvo *et al* (1999), que referem a insuficiência do modelo contabilístico tradicional devido à sua incapacidade em reflectir o valor de certos investimentos, não espelhando assim o efeito das actividades de inovação empresarial.

Todavia, esta perspectiva ou visão da contabilidade, segundo a qual deveria registar como activos todas as despesas que contribuem para influenciar o valor de mercado da empresa não colhe apoio generalizado nos investigadores em contabilidade. Na verdade, alguns autores têm uma visão mais realista do que se pode ou não pedir à contabilidade enquanto fornecedora de medidas de avaliação das entidades empresariais.

Com efeito, mesmo autores que concebem a informação contabilística como um *input* para o processo de valorização das empresas não deixam de notar as limitações de uma tal posição de princípio.

Barth (2000) sustenta que os investidores são uma importante e numerosa classe de utentes das demonstrações financeiras. Por isso, muita da investigação sobre relato financeiro adopta a perspectiva do investidor. Ora, para a autora, os investidores estão sobretudo interessados em informação que lhes permita computar, em cada momento, o valor das empresas, daí que a contabilidade se devesse ajustar a um tal desiderato.

Mas, ainda que inserindo-se na corrente que defende o papel relevante da contabilidade no fornecimento de *inputs to valuation*, Barth et al (2001) apontam algumas das suas limitações.

Apesar deste objectivo da investigação comandada pelo paradigma da *value relevance*, os autores salientam que o seu principal propósito é o de facultar ao FASB evidência empírica que constitua um elemento que o organismo leve em conta. Não pretendem que as normas do FASB se rejam pelo objectivo primordial da valorização das entidades empresariais. E, numa nota adicional de prudência, afirmam (subl. meu): "value relevence studies do not attemp to estimate firm value. This is is the objective of fundamental analysis research".

Ou seja, embora estes sejam autores representantes do campo dos que entendem que a investigação em contabilidade deve fornecer evidência acerca da relação entre a informação financeira e os preços das acções, não deixam de apontar notas de grande cautela no que tal abordagem poderá ou não proporcionar aos decisores.

E, como já se disse, a eficiência dos mercados tem vindo a ser posta em causa pelos autores que estudam o efeito da psicologia dos investidores na variação dos preços dos títulos. Segundo estes, os preços de mercado não seriam muitas vezes racionalmente determinados, o que lhes retira a natureza de melhor indicador do *fair value* que os defensores da teoria financeira tradicional lhe atribuem.

4.2. A crítica aos mercados eficientes e a finança comportamental[28]

A eficiência dos mercados financeiros constitui um dos temas centrais do debate entre a teoria tradicional, ou *"standard finance"*, e a *"behavioral finance."* No contexto da *"standard finance"*, o conceito de eficiência dos mercados financeiros respeita à forma como os preços dos títulos incorporam a informação que chega ao mercado. Um mercado é

---

[28] Neste ponto segue-se, de perto, Fernandes e Martins (2002).

eficiente quando reflecte totalmente a informação disponível em cada momento, não existindo possibilidade de obtenção de rendibilidades anormais com base nessa mesma informação.

A *"standard finance"* admite pois que a formação dos preços reflecte um comportamento racional em termos agregados. Os investidores estão interessados nos valores fundamentais e não em aspectos comportamentais, raramente são confundidos por erros cognitivos, tomam as suas decisões com base na teoria da utilidade esperada, apresentam um perfeito auto-controlo, são sempre avessos ao risco e nunca experimentam sentimentos de arrependimento e de remorso.

Ora o facto de os investidores poderem ser influenciados por factores psicológicos na tomada de decisões de investimento leva a que a rendibilidade esperada dos títulos não dependa apenas do risco sistemático ou não diversificável. Deste modo, nem sempre os preços reflectem valores baseados nos modelos propostos pela *standard finance*. No seio da *behavioral finance* a ineficiência dos mercados surge então como resultante dos erros cognitivos cometidos pelos investidores.

De seguida, analisaremos alguns tipos de comportamentos e emoções que, segundo a *behavioral finance*, guiam os investidores no processo de tomada de decisões de investimento. Tais comportamentos, empiricamente testados e observados, têm constituído um forte rombo na solidez conceptual da teoria tradicional, mas ainda não constituem um corpo teórico alternativo e estruturado.

Um tipo de comportamento dos investidores estudado no âmbito da *"behavioral finance"* respeita à questão da "heurística enviesada". Esta pode ser entendida como o processo de auto-aprendizagem, através do qual os indivíduos, por si próprios, procuram descobrir, aprender e compreender determinados fenómenos, com base nas suas experiências e na informação de que dispõem.

Este processo leva os indivíduos a formularem regras de comportamento que traduzam a realidade e que os orientem na tomada de decisões. A tomada de decisões com base em tais regras implica que os indivíduos cometam frequentemente vários tipos de erros, porque a metodologia utilizada é imperfeita e muitas vezes somente baseada na informação disponível.

Neste âmbito, um tipo de erro cognitivo frequentemente cometido pelos investidores é o facto de tomarem as suas decisões de investimento com base na *representatividade*, isto é, baseado-se em julgamentos estereotipados.

No campo das finanças o princípio da *representatividade* foi desenvolvido por DeBondt e Thaler (1989). Os investidores, em face do que aprenderam com base na sua experiência, tornam-se demasiado pessimistas em relação aos títulos financeiros (v. g. acções) que no passado se revelaram como extremos perdedores (*extreme losers*), e demasiado optimistas em relação aos títulos que no passado se mostram como extremos ganhadores (*extreme winners*), levando os primeiros a ficarem subavaliados e os segundos sobreavaliados. Evidenciaram também que os títulos que no passado se revelaram como extremos perdedores apresentaram, posteriormente, desempenho superior ao dos títulos que no passado eram classificados como extremos ganhadores.

Shefrin e Statman (1998) concluíram que os indivíduos esperavam que os títulos de empresas com passados ganhadores iriam continuar como ganhadores, ocorrendo o inverso no que respeita aos títulos de empresas com passados perdedores. Estes factos traduziam-se nas recomendações dos analistas, que apresentavam tendência a sugerir a compra de títulos de empresas com passados ganhadores.

Assim como o raciocínio com base na *representatividade* leva os investidores a cometerem erros na tomada de decisões de investimento, também o *excesso de confiança* que apresentam quando formulam as suas expectativas faz com que muitas vezes sejam surpreendidos pelo mercado (face às suas expectativas). Os comportamentos de *excesso de confiança* verificam-se quando os investidores estabelecem intervalos de variação demasiado estreitos para as rendibilidades dos títulos, confiando no seu poder de antecipação, pois recusam admitir que apresentam uma desvantagem informacional. Verifica-se então que os investidores, perante nova informação que chega ao mercado, não ajustam suficientemente as suas expectativas, pelo que são sucessivamente surpreendidos.

Outro tipo de comportamento, frequentemente observado entre os investidores, diz respeito à *aversão ao não familiar*. Pode ser observado em estudos que documentam a preferência dos investidores por títulos nacionais. French e Poterba (1991) mostraram que os investidores constituíam as suas carteiras essencialmente com títulos de empresas do seu país.

Huberman (2001) documentou também a preferência dos investidores por títulos emitidos por empresas nacionais ou sedeadas na sua região, observando ainda que, em alguns casos, os empregados manifestam forte tendência para investir nas sociedades onde trabalham.

Um outro ponto importante estudado pela finança comportamental sustenta que os indivíduos apresentam diferentes formas de equacionar e interpretar a realidade. Cada um analisa os factos de acordo com os seus próprios padrões mentais. Desta forma, a tomada de decisões e a forma de reacção dos indivíduos, em face de um determinado evento, depende do padrão mental utilizado na interpretação da realidade.

Kahneman e Tversky (1979) colocaram em evidência uma forma de dependência face a padrões mentais que designaram de "aversão a perdas". Perante jogos envolvendo risco, os referidos autores verificaram que os indivíduos violavam os princípios da teoria da utilidade esperada. Tratando-se de perdas, os indivíduos aceitavam o risco envolvido no jogo; contrariamente, perante situações de ganho, mostravam-se avessos ao risco. A razão de ser deste comportamento é a de que mantêm a esperança de vir a diminuir ou eliminar as suas perdas, ainda que a probabilidade associada a este cenário seja inferior à probabilidade associada ao cenário de as perdas virem a aumentar.

Shefrin e Statman (1998) sugerem que os investidores vendem geralmente muito cedo os títulos com ganhos e mantêm durante muito tempo os títulos com perdas, o que permite verificar a sua aversão a perdas. Este padrão comportamental traduz-se no conhecido aforismo dos mercados financeiros conhecido como: "People hang on to losers".

Os indivíduos procuram também formas e instrumentos que lhes permitam controlar as emoções. A falta de auto-controlo por parte de muitos investidores constitui outro aspecto psicológico estudado no âmbito da "behavioral finance". Neste sentido, Shefrin e Statman (1984) evidenciaram a preferência dos investidores pelos dividendos em detrimento dos ganhos de capital, e a regra de "consumir com base nos dividendos e não tocar no capital." Tal regra constitui um exemplo da forma como os indivíduos procuram encontrar padrões de comportamento, em que o objectivo consiste em controlar as despesas de consumo corrente.

De acordo com os princípios da teoria financeira tradicional, e ignorando os impostos e custos de transacção, os dividendos e os ganhos de capital são substitutos perfeitos. No entanto, a evidência empírica observada mostra que os investidores dão valor à forma de que a sua riqueza se reveste, manifestando uma preferência pelos dividendos. Shefrin e Statman (1984) comprovam este tipo de preferência particularmente entre os investidores reformados. Resultado igualmente confirmado por Shiller e Pound (1989), os quais observaram que indivíduos reformados preferem diminuir as despesas de consumo em vez de se desfazerem dos títulos, obtendo um ganho de capital.

A recente crise financeira de 2008 originou também um vivo debate sobre a eficiência dos mercados. Skidelsky (2009) mostra como os mercados são intrinsecamente instáveis devido ao irredutível grau de incerteza que afecta grande parte das mais importantes decisões dos agentes económicos. Cassidy (2009) salienta que o que pode parecer, no plano individual, um comportamento racional pode gerar, no plano agregado, efeitos económicos nefastos. Ou seja, no seguimento do forte abalo financeiro recentemente ocorrido, não faltam novos elementos para mostrar que os investidores se afastam muitas vezes dos padrões de racionalidade, produzindo o seu comportamento *booms and busts* que sempre têm caracterizado a história financeira das economias mundiais.

Em suma, as finanças comportamentais têm vindo a apontar anomalias e a documentá-las empiricamente. Tal processo tem acentuado a divergência entre os autores que entendem que os mercados são, no essencial, dominados por investidores racionais e que os preços dos títulos são valores justos, e os que sustentam que tais preços são formados pelas decisões de investidores que, muitas vezes, se afastam da racionalidade requerida para que tais preços sejam admitidos como a melhor quantificação do valor de um activo. O principal problema da finança comportamental é o facto de não incluir ou apresentar um corpo teórico alternativo à finança tradicional, pelo que não ganhou ainda um estatuto comparável à primeira.

De todo o modo, ela constitui um obstáculo significativo à aceitação generalizada de que os preços dos activos transaccionados em mercados de capitais são a melhor aproximação a preços racionalmente determinados e, portanto, são justos valores. Este ponto não deve ser esquecido no debate sobre a consistência dos preços formados nas bolsas de valores.

4.3. A informação financeira vista essencialmente como elemento que serve os interesses de várias partes interessadas, e não primordialmente como base de avaliação das empresas

Holthausen e Watts (2001:23) apresentam um argumento factual que, segundo eles, retira o fundamento essencial do propósito da corrente analítica que defende que a informação financeira deve servir de base decisória aos investidores e, nessa medida, deve fornecer *inputs to valuation*. Afirmam que as normas do FASB negam explicitamente que a contabilidade deva providenciar estimativas do valor do mercado do capital accionista. E, para mais, as normas do FASB não concedem aos investidores qualquer primazia enquanto destinatários da informação financeira.

Os autores citam uma norma do FASB (SFAC n.º 1, § 41) que estabelece: "*Information (provided by financial reports) may help those who desire to estimate the value of a business enterprise, but financial accounting is not designed to measure directly the value of an enterprise*".

O que diz, entre nós, a estrutura conceptual do SNC a tal propósito?

No § 9 está consagrado que: "*Nos utentes das demonstrações financeiras incluem-se investidores actuais e potenciais, empregados, mutuantes, fornecedores e outros credores comerciais, clientes, Governo e seus departamentos e o público. Eles utilizam as demonstrações financeiras a fim de satisfazerem algumas das suas diferentes necessidades de informação*".

E o § 12, na mesma linha de orientação – isto é, de afirmar que as demonstrações financeiras servem um largo espectro de utilizadores sem conceder a qualquer subgrupo uma primazia explícita ou implícita – estabelece:

"*O objectivo das demonstrações financeiras é o de proporcionar informação acerca da posição financeira, do desempenho e da alterações na posição financeira a um vasto leque de utentes na tomada de decisões económicas*".

É pois claro que a visão da contabilidade como fornecedora de informação primordialmente destinada a avaliar as entidades que reportam essa informação não encontra acolhimento; nem a nível interno nem em normativos internacionais de referência.

Que outros destinatários sejam partes muito interessadas na informação financeira é perfeitamente atendível. Os mutuantes (banca, locadores, obrigacionistas) e os fornecedores comerciais estarão por certo mais interessados no grau de endividamento e na capacidade de solver os compromissos, e na consequente probabilidade de falência, do que na avaliação das acções da entidade.

Uma outra finalidade da informação financeira é a de servir de base a relações contratuais. A título de exemplo, citem-se algumas situações em que tal acontece. Numa primeira, realce-se que, como é sabido, em muitos concursos públicos – v.g, concessões – se contratualiza que a concessionária terá de apresentar ao longo da vida da concessão determinados indicadores mínimos garantidos (v.g, rácios de cobertura de dívida e de autonomia financeira). Numa outra, que uma empresa concorrente a uma dada obra terá que apresentar um fundo de maneio (ou capital circulante líquido) superior a um determinado montante. Por fim, que em candidaturas a incentivos a fundo perdido ou empréstimos reembolsáveis à taxa zero, se exige aos candidatos que, na situação pré e pós projecto, satisfaçam certos níveis mínimos de indicadores de equilíbrio financeiro.

Como sustentam Holthausen e Watts (2001:35), antes da criação da SEC nos EUA, o balanço era uma demonstração financeira essencialmente usada por banqueiros e outros credores. Convirá dizer que os autores mostram no citado trabalho que antes da criação da SEC existiam reavaliações de activos fixos, habitualmente relacionadas com a obtenção de novos financiamentos. (A prática também é conhecida entre nós. No âmbito do POC, a reavaliação de activos era uma forma de melhorar certos indicadores, como a autonomia financeira, e cumprir níveis mínimos de equilíbrio dos agregados do balanço). O que Holthausen e Watts referem é que, após a crise de 1929, se gerou um movimento para banir as reavaliações, às quais se terá atribuído parte das culpas do excessivo endividamento de muitas empresas americanas.

A partir daí, e nas palavras dos autores:

"From 1940 until the 1970s the SEC effectively banned upward asset revaluation in the financial statements and even disclosure of current values".

Como já referi, a pressão sobre a contabilidade para se encaminhar para um padrão assente na valorização dos elementos de balanço ao preço de mercado ou valores de uso (ambos considerados como representativos do justo valor, embora o segundo apenas quando o primeiro não esteja disponível) resultou de duas ordens de razões.

A primeira radicou na grande relevância que a teoria da finança empresarial colocou nos valores de mercado como elementos centrais na decisão financeira, desqualificando para tal o custo histórico. A segunda assentou na mudança estrutural que as economias e as empresas experimentaram a partir dos anos 80 do século XX. O surgimento de sectores importantes (v.g., tecnologias de informação, telecomunicações) e o grande movimento de fusões e aquisições, onde os preços pagos pelas empresas alvo estavam, frequentemente, muito afastados dos valores de balanço, levou a questionar se a contabilidade não se estava a esquecer de algo, nomeadamente no que aos métodos de valorização de activos diz respeito.

Perante esta tendência, os defensores da tese segundo a qual a contabilidade não tem como função primordial a valorização do capital accionista escudam a sua argumentação num ponto que já atrás se referiu. A consequência lógica de se entender como objectivo principal da contabilidade o fornecimento de *inputs to valuation* esbarra com o facto de, para que o balanço possa reflectir o valor das empresas em continuidade (como um *going concern*), então, entre outros aspectos cruciais, a capitalização dos intangíveis teria de ser geral. (Outro corolário da teoria assente nos *inputs to valuation* seria a permanente revalorização dos activos fixos tangíveis).

Voltamos aqui ao ponto central do *goodwill*.

Por um lado, o reconhecimento o *goodwill* gerado internamente é algo não permitido, nem se perspectiva que venha a ser. Ora, em tal caso, não pode o balanço servir para valorizar globalmente as entidades a preços de mercado. Adicionalmente, e como referem Holthausen e Watts (2001:33): *"Debt contracts likely exclude goodwill (and separable intangible assets representing rents) from the balance sheets, because in liquidation goodwill and the other intangible assets (...) are presumably zero."*

Quer dizer, a possível tendência de capitalizar intangíveis, se bem que pudesse facultar aos accionistas uma suposta melhor aproximação dos valores de balanço *(book values)* aos valores de mercado *(market values)* dos seus títulos, esbarra com as perspectivas opostas de outros interessados, designadamente dos credores.

Por fim, saliente-se que, no ambiente de litigância norte-americano, a valorização de activos a preços de mercado e o reconhecimento de intangíveis com o *goodwill* gerado internamente poderiam trazer consequências muito importantes em processos legais nos quais são requeridas avultadas indemnizações a certas entidades. Caso o património reconhecido no balanço dessas entidades fosse influenciado por este tipo de activos, a decisão (judicial ou extra-judicial) poderia ter efeitos muito perniciosos sobre esse património.

4.4. Conclusão

Em conclusão, pode afirmar-se que existem vários sinais de que a contabilidade se tem vindo a afastar do paradigma do custo histórico. Esse deslocamento tem radicado na suposta pouca (ou nenhuma) utilidade deste princípio no processo de apuramento do valor das entidades. Este processo de quantificação do valor tem defensores e oponentes. A meu ver a contabilidade não deve ter como desiderato cimeiro e único facultar informação que permita valorizar as entidades que divulguem demonstrações financeiras. Quer dizer: se a informação reportada sempre há-de ter como uso potencial essa avaliação, não deve este objectivo comandar de forma unilateral as normas que regulam o relato financeiro.

A hipótese de eficiência dos mercados financeiros, e a consequente racionalidade do processo de determinação dos preços aí observados, não colhe, como se viu, unanimidade, nem mesmo na teoria financeira.

Por outro lado, os normativos contabilísticos nacionais e internacionais não conferem à avaliação das entidades o papel de farol que deve guiar a produção de regras de reconhecimento e mensuração.

Assim, a situação actual, de um certo hibridismo relativamente aos métodos de mensuração, estará para durar. Porém, o possível objectivo de elaborar as demonstrações financeiras como se em cada momento devessem evidenciar o valor intrínseco das entidades esbarra com a proibição – generalizada a nível mundial – de reconhecimento de certos activos, *maxime* o *goodwill* gerado internamente.

Entende-se, pois, que a aproximação gradual ao valor de mercado que se tem vindo a fazer tem limites. E que essas limitações surgem mais vincadamente na valorização dos activos de longo prazo. Entre nós, no âmbito do POC e do SNC, o tratamento dos activos tangíveis e intangíveis é um tema muito importante, contabilística e fiscalmente. Como já se disse, é nesses grupos de activos que as alterações de valor têm um impacto mais notório, e a sua quantificação e reconhecimento contabilístico (e impacto fiscal) podem influenciar de forma decisiva a informação financeira.

Serão, pois, estes tópicos que daqui em diante se tratarão.

5.
As desvalorizações excepcionais de imobilizados corpóreos e incorpóreos no POC

5.1. O enquadramento normativo do POC

O POC, (cuja versão revogada pelo Sistema de Normalização Contabilística fora introduzida pelo Decreto-Lei 410/89, de 21 de Novembro) dedicava ao tema das desvalorizações excepcionais dos elementos do activo designados como imobilizados corpóreos e incorpóreos,[29] alguns preceitos relativos a *"Critérios de valorimetria"* constantes do respectivo ponto 5.

Aí se podia verificar a seguinte redacção sobre tal matéria (subl. meu):

"5.4.1 O activo imobilizado deve ser valorizado ao custo de aquisição ou ao custo de produção. Quando os respectivos elementos tiverem uma vida útil limitada, ficam sujeitos a uma amortização sistemática durante esse período".

......

"5.4.4 Quando, à data do balanço, os elementos do activo imobilizado corpóreo e incorpóreo, seja ou não limitada a sua vida útil, tiverem um valor inferior ao registado na contabilidade, devem ser objecto de amortização correspondente à diferença se for de prever que a redução desse valor seja permanente.

Aquela amortização extraordinária não deve ser mantida se deixarem de existir os motivos que a originaram."

Por seu turno, no ponto 8 -"Anexo ao balanço e à demonstração dos resultados" (ABDR), na nota n.º 3, determinava-se a divulgação dos "Critérios valorimétricos utilizados relativamente às várias rubricas do balanço e da demonstração dos resultados, bem como métodos de cálculo respeitantes aos ajustamentos de valor, designadamente amortizações e provisões".

---

[29] Neste ponto do texto utiliza-se a terminologia que vigorava no âmbito do POC.

A nota 10 do ABDR indicava os mapas nos quais se deveriam inscrever os movimentos do activo imobilizado, amortizações e ajustamentos, mostrando os respectivos aumentos e diminuições durante o exercício, por virtude de aquisições, reavaliações, alienações e abates, dos activos, e de reforço, anulação ou reversão das respectivas amortizações e ajustamentos.

Verifica-se, assim, que o problema de eventuais desfasamentos e divergências entre as importâncias escrituradas no balanço relativas a imobilizados e o seu efectivo valor[30] constituía já uma questão de relevo no âmbito do normativo do POC.

Vejamos, então, quais as principais questões que se suscitam no tratamento do problema. A meu ver, elas são as seguintes:

i) A fundamentação (causa) das mencionadas diferenças (desvalorizações);
ii) O cálculo dessas diferenças;
iii) O tratamento contabilístico a efectuar.

Analisemos, então, cada uma destas questões.

5.2. A fundamentação das referidas desvalorizações

O ponto 5.4.4 do POC – atrás transcrito – não era de grande utilidade para os responsáveis pela preparação das demonstrações financeiras no tocante aos princípios a observar relativamente à identificação de situações das quais pudesse resultar uma diferença entre o valor escriturado e o valor, digamos, efectivo, de um activo imobilizado. Não eram especificadas causas possíveis das amortizações extraordinárias.

De que poderão provir tais diferenças de valor? A resposta deverá ser encontrada no confronto entre dois temas: para que serve um activo imobilizado e que causas podem diminuir o seu real valor.

---

[30] O POC não qualifica este "valor". Todavia, de acordo com Machado (1998), com quem se concorda, só poderia ser um valor de uso ou a quantia recuperável. Adiante, neste texto, quando se tratar do método prescrito no SNC sobre reconhecimento e quantificação de imparidades, este entendimento será mais evidente.

Como é bem sabido, a característica central de um activo imobilizado ao serviço de uma empresa é a sua utilização plurianual da qual se esperam benefícios futuros. O desgaste ou perda de valor que tal utilização provoca seria registado como amortização do exercício. Ou seja, a diminuição do valor do activo (que, geralmente, contribui para a produção e gera por isso proveitos) tem como contrapartida um incremento dos custos e a consequente diminuição do resultado apurado. É este o princípio expresso no ponto 5.1.1.

Se o uso regular, corrente ou repetitivo do activo constitui a sua fonte normal de desgaste e resultante perda de valor, situações existem em que a perda de valor pode advir de causas totalmente diversas. São estas, creio, que poderão originar as ditas desvalorizações extraordinárias referidas no ponto 5.4.4.

Ora, em tese, que tipo de razões poderá originar tais desvalorizações excepcionais? Podem, entre outras, mencionar-se três: alterações de mercado, inovações tecnológicas e modificações legais que tornam o valor efectivo (passemos a chamar-lhe justo valor) inferior ao valor inscrito (quantia assentada ou escriturada) no balanço.

Exemplifiquemos então como poderiam operar estas causas[31].

No plano do mercado, suponha-se que uma forte diminuição da procura dos produtos que uma entidade fabrica e vende reduz significativamente os benefícios económicos esperados dos activos imobilizados afectos à produção de tais bens. O aparecimento de produtos sucedâneos, a alteração dos gostos dos consumidores, a ocorrência de uma grave deterioração da reputação da entidade em termos da qualidade dos produtos são causas possíveis dessa diminuição da procura, com reflexos inegáveis na capacidade de retirar dos activos imobilizados os benefícios esperados aquando da respectiva aquisição.

No plano da inovação tecnológica, a incorporação de novas técnicas em activos fixos afectos à produção origina a obsolescência de equipamentos e a consequente redução da vida económica útil e, portanto, dos benefícios esperados. Suponha-se que uma dada empresa que fabrica automóveis adquire no ano N um grupo de máquinas de soldar chapa de

---

[31] Veja-se, sobre este ponto, Machado (1998) e Holmes e Sudgen (1999).

alumínio por várias dezenas de milhões de euro, e estima uma vida útil de 7 anos. Se em N+2 surge uma máquina que apresenta o dobro da capacidade produtiva ao mesmo preço, é claro que a expectativa de benefícios futuros (componente essencial do valor de uso) das máquinas adquiridas em N se deteriora. Ocorre então uma perda de valor excepcional, não decorrente do respectivo desgaste regular em actividades produtivas. Nesta situação, o uso continuado das máquinas de soldar adquiridas em N diminui a produtividade da empresa face à concorrência, obrigando-a, por certo, a dotar-se de meios mais modernos e a substituir aqueles equipamentos ou encurtar a respectiva vida útil.

Também o contexto legal em que uma entidade opera pode afectar marcadamente a capacidade de geração de benefícios esperados de um equipamento. Suponha-se, a este respeito, que uma dada empresa efectua operações de polimento de blocos de granito para venda como rocha decorativa. Esta entidade adquiriu equipamento de polir no ano N, para o qual estima uma vida útil de 10 anos. Suponha-se, ainda, que a empresa opera a máquina em dois turnos diários. Admita-se que nova legislação ambiental, publicada em N+3, impede o uso desta máquina por mais do que um turno diário. Não há dúvidas de que os benefícios económicos esperados da máquina se alteraram. (Mesmo que se presuma que a redução de turnos pode aumentar para o dobro a vida útil da máquina, o valor de uso – entendido como o valor actual dos benefícios futuros previstos – modificar-se-á por certo).

Ou, num outro exemplo, o equipamento de testes laboratoriais de uma empresa que fabrica produtos químicos é tornado obsoleto em virtude de nova legislação de protecção ao consumidor que requer testes mais sofisticados que os equipamentos em utilização não conseguem realizar.

Os exemplos até aqui apresentados respeitam a activos fixos tangíveis ou, na terminologia do POC, imobilizados corpóreos. Também não é difícil imaginar situações nas quais se verifiquem desvalorizações excepcionais de activos imobilizados incorpóreos. Assim, admita-se que uma empresa adquiriu uma patente de fabrico que prevê usar por 10 anos. Se, quatro anos após a compra, a introdução de um novo produto por um concorrente reduz drasticamente a procura do bem que a dita patente permite fabricar, é claro que o valor de uso da patente sofre uma desvalorização excepcional.

Ou, num caso mais abrangente, admita-se que, numa operação de aquisição da empresa ALFA por parte da empresa BETA, esta pagou um trespasse ou *goodwill*[32] (valor pago pela aquisição acima do justo valor dos activos adquiridos) de 50 milhões de euro. Tal *goodwill* representa, substancialmente, o valor actual dos fluxos de caixa estimados que factores não constantes do balanço da empresa adquirida (como o prestígio, a clientela, o *know how*, a localização, a carteira de produtos) permitirão à adquirente auferir no futuro. No caso de, passado algum tempo, se verificar que, em face de problemas sérios causados pela falta de qualidade de bens previamente vendidos por ALFA, se denota uma fuga de clientela, o valor actual dos benefícios esperados que BETA estimara aquando da aquisição sofre uma perda inevitável. Em tal caso, o *goodwill* reconhecido deve ser ajustado e registar-se uma desvalorização nesse activo intangível.

5.3. O cálculo das diferenças

As desvalorizações excepcionais referidas no ponto 5.4.4. do POC são decorrentes do facto de um activo imobilizado poder ter *um valor inferior ao registado na contabilidade*. Que valor será este? Naturalmente que só poderá ser o valor de uso – se a entidade continuar a operar com o activo que sofreu tal perda de valor – ou o montante recuperável através da venda do activo, caso a entidade decida aliená-lo.

Em qualquer caso, o que aqui releva é o facto de o valor registado na contabilidade (*book value*) ser diferente do *fair value* ou justo valor. Tal diferença provém da divergência entre o valor escriturado e o valor económico ou valor efectivo. Quer dizer, o registo contabilístico, originariamente feito ao custo histórico do bem adquirido, deixa, a certa altura e em virtude de uma (ou várias) das causas referidas na secção anterior, de representar o justo valor do bem. Haverá pois que ajustar o valor inscrito na contabilidade para a nova quantia, registando a perda excepcional entretanto ocorrida.

---

[32] No âmbito do POC os conceitos de trespasse e *goodwill* eram equivalentes, como já em nota anterior se salientou a propósito da DC 12.

Voltamos novamente ao conceito de justo valor. Este conceito (a que a introdução do SNC veio dar muito maior visibilidade) existia já no âmbito do POC e das Directrizes Contabilísticas.

A DC 13 – intitulada "Conceito de justo valor" – retomou o dito conceito da DC 1 – "Tratamento contabilístico de concentrações de actividades empresariais" – e definia-o como *"a quantia pela qual um bem (ou serviço) poderia ser trocado, entre um comprador conhecedor e interessado e um vendedor nas mesmas condições, numa transacção ao seu alcance"*.

A mesma DC 13, aprovada pala Comissão de Normalização Contabilística em 1993, determina, nos seus pontos 6.7 e 6.8, que o justo valor será apurado da seguinte maneira:

"6.7. Equipamentos e instalações
a) Se para uso continuado:
– custo de reposição de equipamentos e instalações com capacidade semelhante, salvo se o uso futuro esperado do activo indiciar um valor mais baixo para o adquirente...
b) Se para uso temporário:
– custo de reposição para capacidade semelhante ou quantia recuperável, dos dois o mais baixo
c) Se para venda ou detidos para posterior venda de preferência ao uso:
– quantia recuperável

6.8. Activos intangíveis, como patentes, licenças e direitos: valores estimados ou avaliados.

A DC 13 aponta assim os seguintes critérios para o cálculo do justo valor: custo de reposição, valor de uso ou quantia recuperável. A diferença entre o justo valor (apurado segundo um destes métodos) e a importância registada na contabilidade – caso essa diferença revelasse uma perda – deveria então ser registada como amortização excepcional.

Naturalmente que o registo das perdas de valor excepcionais dos activos imobilizados introduz na análise do balanço um elemento novo. A vantagem da introdução do reconhecimento da perda extraordinária é a de aproximar a quantia registada do bem ao valor dos benefícios futuros que se espera proporcionar, pelo uso ou pela venda. Porém, o apuramento da desvalorização excepcional, sobretudo se efectuada pelo cálculo do valor actual dos fluxos de caixa descontados, deixa ampla margem de liberdade à administração das empresas para influenciar os resultados por via destes custos. No entanto, note-se que a estimativa das amortizações relativas ao desgaste normal também não evita que se preveja a vida útil e a proporção do custo do bem que deve ser considerada depreciada em virtude do seu uso produtivo corrente. Quer dizer: estimativas sempre haverá...

O impacto das estimativas nos resultados das entidades tem originado velha polémica, como se pode observar, entre outros, em Ferreira (2009).

5.3. O tratamento contabilístico a efectuar

Segundo o disposto no POC – na versão imediatamente anterior à sua revogação pelo SNC –, as amortizações extraordinárias eram debitadas na conta *69 – Custos e perdas extraordinárias*, na subconta *69.6 – Aumentos de amortizações,* por contrapartida de *48-Amortizações acumuladas.*

Ainda nessa versão, a eventual ocorrência de factos que implicassem a reversão a amortização extraordinária – em virtude, por exemplo, de uma alteração de contexto legal, originariamente adversa, ser posteriormente modificada no sentido de extinguir a causa da perda de valor – teria como consequência a reversão da amortização extraordinária e o registo de um proveito na conta *77 – Reversões de amortizações e ajustamentos.*

De salientar que, na versão do POC anterior à modificada pelo Decreto-Lei 35/2005, de 12 de Fevereiro, existia a conta 79.6 – Reduções de amortizações e provisões. Ora, a meu ver, o tratamento que manteria a lógica de tanto a amortização excepcional ser uma perda extraordinária (por definição...) como a respectiva reversão constituir um ganho extraordinário seria a que era explicitamente consagrada nesta dita versão anterior ao DL 35/2005. A versão posterior, ao criar a conta 77 – Reversões e ao inscrever tais proveitos no resultado operacional constante da demonstração de resultados originava possíveis ambiguidades. Julgo que, mesmo na versão do POC pós- DL 35/2005, a reversão de uma amortização extraordinária se deveria incluir na conta 79, criando uma subconta apropriada nos espaços que propositadamente o legislador deixou para necessidades específicas de registo de factos patrimoniais.

Ou seja, não parece fazer sentido que a perda tenha natureza extraordinária e a reversão da perda possa originar um proveito operacional, o que aconteceria se a dita reversão se inscrevesse na conta 77 e não na 79[33]. Bento e Machado (1999) ilustram bem a contabilização destas perdas e respectivas reversões no "POC Explicado", onde desenvolvem a utilização das contas 69.6 e 79.6 como verso e reverso para a contabilização dos fenómenos que vimos referindo.

Machado (1998:746) também critica algumas opções que, a este respeito, constam do POC. Após evidenciar o tratamento então proposto na NIC 16, o autor opina no seguinte sentido: *"(...)o POC também necessariamente admite tal redução se bem que a mesma (e a eliminação) seja indirecta*[34]*, isto é, por meio de uma depreciação periódica extraordinária, o que não é geralmente aceite(...). Pelo POC é permissível posteriormente a anulação da redução (...) e da depreciação extraordinária, sendo reposta a situação inicial, de que se discorda".*

No entanto, como o mesmo autor bem salienta, a questão da contabilização será porventura de menor relevo quando comparada com a questão de saber em que condições são de admitir perdas por desvalorizações excepcionais ou os métodos de apuramento de tais desvalorizações.

Todavia, em face do efeito que estas desvalorizações (e suas eventuais reversões) podem ter nas demonstrações financeiras, a questão relativa à contabilização é, também ela, de significativa importância. Senão vejamos. Se a desvalorização excepcional originar uma perda extraordinária por contrapartida de um aumento da amortizações acumuladas do activo imobilizado; ou se, em vez disso, tal aumento de amortizações acumuladas se efectuar por débito de uma conta de capital (reduzindo assim a situação líquida) o impacto nas demonstrações financeiras e na imagem que a empresa apresenta ao investidor serão diversos. É de notar, porém, que o tratamento mais comum é o de reconhecer as desvalorizações como custos e as reversões como proveitos, que era a solução que o POC admitia à data de sua revogação pelo SNC.

Como veremos, o SNC, ao introduzir a conta 65- "Perdas por imparidade" e a conta 76- "Reversões" conferiu maior alcance e detalhe a estas possíveis situações patrimoniais. Ainda, e sobretudo, o facto de as

---

[33] Seria isto já o prenúncio do fim dos "resultados extraordinários" que o SNC implicou?
[34] Itálico do autor.

Normas Contabilísticas e de Relato Financeiro sobre "Activos intangíveis – NCRF 6", "Activos fixos tangíveis- NCRF 7" e "Imparidade de activos – NCRF 12" permitirem um tratamento contabilístico destas desvalorizações excepcionais bastante mais desenvolvido e conceptualmente muito mais alicerçado.

Após este enquadramento contabilístico da desvalorizações excepcionais em activos imobilizados no âmbito do POC, vejamos de seguida como se apresentava o seu tratamento fiscal em sede de IRC.

6.
O tratamento fiscal das desvalorizações excepcionais de imobilizados corpóreos e incorpóreos no CIRC no âmbito do regime contabilístico do POC

Na versão do CIRC que vigorava antes da recente alteração deste código, operada pelo Decreto-Lei 159/2009, de 13 de Julho, a matéria da aceitação fiscal das amortizações estava, para o caso que aqui importa, regulada nos seus artigos 28.º e 29.º. Eram ainda relevantes as disposições do Decreto Regulamentar 2/90, de 12 de Janeiro, em particular os seus artigos 10.º e 17.º.

Rezava assim o CIRC:

"*Artigo 28.º:*
1. São aceites como custos as reintegrações e amortizações de elementos do activo sujeitos a deperecimento, considerando-se como tais os elementos do activo imobilizado que, com carácter repetitivo, sofrerem perdas de valor resultantes da sua utilização, do decurso do tempo, do progresso técnico ou de quaisquer outras causas".

Por seu turno, o artigo 29.º, n.º 1, estabelecia como regra geral de cálculo das amortizações o métodos das quotas constantes. O mesmo artigo, no seu n.º 2, admitia, em certas condições, o método as quotas degressivas. O n.º 3 do dito artigo 29.º, estabelecia:

"*3. Podem, ainda, ser utilizados métodos de reintegração e amortização diferentes dos indicados nos números anteriores quando a natureza do deperecimento ou a actividade económica da empresa o justifiquem, após reconhecimento prévio da Direcção-Geral dos impostos."*

E, por fim, os n.ºs 4 e 5, determinavam:

"4 – Em relação a cada elemento do activo imobilizado deve ser usado o mesmo método de reintegração e amortização desde a sua entrada em funcionamento até à sua reintegração ou amortização total, transmissão ou inutilização:

5 – O disposto no número anterior não prejudica:

a)....

b) A consideração como custos de quotas de reintegração ou amortização superiores devido à superveniência de desvalorizações excepcionais provenientes de causas anormais devidamente comprovadas, aceites pela Direcção-Geral dos Impostos."

Para o tema que vimos tratando, o que interessa aqui são, essencialmente, as disposições constantes dos n.ºs 3 e 5 do artigo 29.º. Na verdade, o CIRC deixa a porta aberta a um possível reconhecimento como custo fiscal de amortizações causadas por desvalorizações excepcionais, mas faz depender tal aceitação da prévia validação pela DGCI.

Por um lado, bem se entende que o legislador fiscal, atenta a natureza destas perdas, não deixe inteiramente dependente do livre arbítrio dos decisores empresariais a sua consideração como custos fiscais. A ser assim, os registos de desvalorizações excepcionais sofridas por activos imobilizados poderiam transformar-se em elementos de manipulação grosseira do resultado fiscal.

Mas também não é menos verdade que é perfeitamente possível admitir situações de efectiva desvalorização excepcional, cujas causas envolveriam elevada complexidade tecnológica sendo, portanto, de difícil avaliação económico-fiscal, para as quais a capacidade de resposta da DGCI (e o prazo de autorização em tempo útil) poderia não ser a mais completa.

Trata-se, pois, de assunto muito problemático. Sobretudo se um número considerável de empresas com elevados montantes de imobilizados que efectivamente sofreriam desvalorizações excepcionais, de múltiplos sectores de actividade (v.g., telecomunicações, energia, pasta de papel, cimentos, banca) apresentassem à administração fiscal volumosos *dossiers* contendo a justificação de tais perdas, na ordem de centenas ou milhares de milhões de euro. E que a administração fiscal tivesse que dar resposta no sentido de autorizar ou não as mencionadas perdas como custos fiscalmente dedutíveis.

Não é de estranhar que, perante tais situações, os meios humanos da DGCI se vissem assoberbados com processos de manifesta dificuldade técnica – pense-se, por exemplo, na apreciação da desvalorização excepcional num equipamento de fabrico de cimento ou moldes para plásticos – e cuja decisão se tornasse portanto muito subjectiva.

O tema do tratamento fiscal destas desvalorizações não se esgotava, no entanto, no CIRC. Como já se disse, também o DR 2/90, que estabelecia o regime de dedutibilidade fiscal das amortizações, lhe dedicava algumas normas.

Transcrevem-se, se seguida, os artigos 10.º e 17.º desse diploma.

Art. 10.º – Desvalorizações excepcionais de elementos do activo imobilizado

1. No caso de se verificarem em elementos do activo imobilizado desvalorizações excepcionais provenientes de causas anormais devidamente comprovadas, poderá ser aceite como custo ou perda do exercício em que aquelas ocorreram uma quota de reintegração ou amortização superior à que resulta da aplicação dos métodos referidos no artigo 4.º.

2. O regime estabelecido no número anterior aplica-se, designadamente, às desvalorizações excepcionais provocadas por desastres, fenómenos naturais e inovações técnicas excepcionalmente rápidas.

3. Para efeitos do disposto no n.º 1 deverá o contribuinte obter a aceitação da Direcção-Geral dos Impostos, através de exposição devidamente fundamentada até ao fim do primeiro mês seguinte ao da ocorrência do facto que determinou a desvalorização excepcional, salvo em casos comprovadamente justificados, e como tal reconhecidos por despacho do Ministro das Finanças, em que essa exposição poderá ser entregue até ao fim do primeiro mês seguinte ao do termo do período de tributação em que tiverem ocorrido as desvalorizações excepcionais".

Art. 17.º – Amortizações de imobilizações incorpóreas
1. Os elementos do activo imobilizado incorpóreo são amortizáveis quando sujeitos a deperecimento, designadamente por terem uma vigência temporal limitada.
2. São amortizáveis os seguintes elementos do activo imobilizado incorpóreo:
   a. Despesas de instalação
   b. Despesas de investigação e desenvolvimento
   c. Elementos da propriedade industrial, tais como patentes, marcas....adquiridos a título oneroso e cuja utilização exclusiva seja reconhecida por um período limitado de tempo.

3. Excepto em caso de deperecimento efectivo devidamente comprovado, reconhecido pela Direcção-Geral dos Impostos, não são amortizáveis os seguintes elementos do activo imobilizado incorpóreo:
   a. Trespasses[35]
   b. Elementos mencionados na alínea c) do n.º anterior quando não se verifiquem as condições aí referidas."

Da leitura das normas constantes do DR 2/90 sobre a aceitação fiscal como custos das perdas resultantes de desvalorizações excepcionais, o que concluir?

O artigo 10.º, no seu n.º 3, acrescenta algo de novo ao disposto no CIRC – em especial ao estabelecido no artigo 29.º. Com efeito, o DR 2/90 é mais específico no tocante aos prazos e entidades que interviriam nos processos de aceitação das desvalorizações excepcionais como perdas fiscais. A segunda parte do n.º 3 do artigo 10.º admite, por certo para casos de elevada complexidade na organização do dossier comprovativo, que o prazo fosse mais dilatado, fazendo depender a respectiva autorização não já da DGCI mas de despacho ministerial.

---

[35] De notar que, segundo a DC 1, o trespasse (*goodwill*) seria amortizado num período que não excedesse os 5 anos, a não ser que se pudesse justificar uma vida útil mais extensa, em todo o caso nunca superior a 20 anos.

Por seu lado, o artigo 17.º do DR 2/90, admite, no seu n.º 2, a amortização de alguns imobilizados incorpóreos – e, face aos que aí se explicitam, existiram, como veremos, mudanças significativas no novo regime instituído em 2010.

O n.º 3, estabelece que, em regra, os trespasses não são amortizáveis para fins fiscais. Recorde-se que o ponto 5.4.8 do POC estabelecia que *"os trespasses devem ser amortizados no prazo máximo de cinco anos, podendo, no entanto, este período ser dilatado, desde que tal se justifique e não exceda o do uso útil"*.

Esta regra de não aceitação constante do n.º 3 do artigo 17.º do DR 2/90 admite, todavia, excepção. Na verdade, o dito preceito estabelece que em caso de deperecimento efectivamente comprovado a amortização do trespasse poderá ser dedutível.

Em que circunstância se aceitaria fiscalmente uma tal amortização? Teria por certo o contribuinte de mostrar claramente que os benefícios económicos esperados, que haviam justificado que o preço pago por uma entidade empresarial ultrapassasse o justo valor dos activos líquidos adquiridos, teriam diminuído. E este decréscimo resultaria de uma degradação das expectativas de fluxos de caixa, de uma forte subida da taxa de desconto ou do encurtamento do período em que se previa que tais benefícios fossem auferidos, ou ainda, de uma combinação destes factores.

Ora, se mesmo relativamente a imobilizados corpóreos, documentar e provar a respectiva desvalorização excepcional a fim de obter a aceitação fiscal desta não se revelava nada fácil no plano da relação empresa – administração fiscal, a fundamentação e aceitação da redução dos benefícios económicos esperados conducentes a uma amortização do trespasse também não encerrava, bem ao contrário, menor complexidade.

Em suma, poderemos concluir que, até finais de 2009, o tratamento contabilístico das desvalorizações excepcionais em activos imobilizados corpóreos, apesar de constar do POC, não tinha, nem de perto nem de longe, a profundidade que o SNC lhe veio consagrar. No plano tributário, a aceitação de tais desvalorizações estava fortemente condicionada, devendo ser, por princípio, autorizada previamente pela DGCI. No que respeita aos incorpóreos, admitia-se a amortização de alguns tipos destes activos, embora, em regra, se excluísse o trepasse, a não ser em casos excepcionais, também sujeitos ao reconhecimento prévio da DGCI. Observava-se, pois, uma forte disciplina fiscal em matérias consideradas sensíveis por parte da administração, a fim de não deixar escapar do seu controlo a aceitação de custos que poderiam causar profundas oscilações nos montantes de resultados fiscais declarados, com o consequente reflexo na receita tributária.

Visto, em traços gerais, o regime das desvalorizações excepcionais de imobilizados no âmbito do POC e do IRC até finais de 2009, vejamos agora o impacto contabilístico-fiscal do fenómeno inverso: a revalorização de activos imobilizados.

7.
As reavaliações de activos tangíveis no âmbito POC

Se, por um lado, o POC consagrava a possibilidade de apuramento e registo nas demonstrações financeiras das desvalorizações excepcionais em activos imobilizados corpóreos e incorpóreos, também permitia, por outro, a revalorização (reavaliação, ou aumento da quantia registada) de activos imobilizados. Na verdade, a conta 56 – "Reservas de reavaliação" foi inserida no quadro de contas do POC para acolher estas reavaliações.

Assim, no âmbito do POC, os imobilizados não sofriam apenas ajustamentos para menos. Podiam também ser influenciados por alterações no sentido do aumento do respectivo valor escriturado. Vejamos de seguida as razões subjacentes a estas alterações de valor, o método pelo qual eram geralmente efectuadas e a respectiva contabilização e impacto financeiro. Adicionalmente, daremos ainda algum relevo à questão dos impostos diferidos que daí resultava.

7.1. O fundamento das reavaliações de imobilizados no âmbito do POC

A inflação afecta de maneira significativa as demonstrações financeiras. No balanço, e respeitando-se o princípio do custo histórico, o valor escriturado dos activos e passivos vai-se tornando, por via da inflação verificada, desadequado para aferir do real valor dos bens, direitos e obrigações. Estas alterações têm um evidente impacto nos resultados e na posição financeira.

Segundo Alexander e Nobes (1994:218 e segs) a variação dos preços afecta a posição financeira e o desempenho através dos seguintes canais principais:

i) As amortizações dos activos imobilizados, sendo apuradas a partir de custos históricos, apresentam-se subvalorizadas. Com efeito, a parcela de gastos com amortizações que entra no custo de produção dos bens, sendo subavaliada, induz resultados que só surgem por via dessa menor imputação do montante do desgaste dos activos fixos. Ora, em épocas de alta de preços, faria sentido que as amortizações se baseassem em valores de reposição e não em custos históricos. Acresce que os desembolsos associados ao lucro gerado pela subvalorização das amortizações podem contribuir para descapitalizar a empresa. De facto, ao implicarem maiores impostos e maiores dividendos, poderão provocar falta de meios monetários para repor os activos fixos no final da sua vida útil.

ii) Tendo embora uma rotação maior do que os activos fixos, os *stocks* também podem ser afectados em apreciável grau pela inflação. Assim, se o método de custeio for o FIFO ou o custo médio, será muito provável que surjam valores subavaliados no custo das existências vendidas ou consumidas. Uma vez mais, se evidenciarão resultados fictícios com os problemas que daí decorrem.

iii) A inflação afecta também, como é óbvio, o valor real de activos e passivos financeiros. Assim, haverá um ganho nas dívidas a pagar, pois, usando uma expressão comum, obteve-se dinheiro em moeda "forte" e paga-se em moeda "fraca" (ou depreciada pela inflação). Simetricamente, haverá perdas em disponibilidades e dívidas a receber.

Se estes factores influenciam as demonstrações financeiras, é para este trabalho de particular interesse o estudo das formas de remediar este problema no que tange aos activos imobilizados.

Como se deixou antever, o problema está na desactualização dos custos históricos de registo destes bens face a situações de alta de preços.

(Não esqueçamos que só há poucos anos se verifica em Portugal a ocorrência de baixas taxas de inflação). Daí que o tratamento da questão tenha passado por ajustar o valor dos activos fixos, a fim de alterar a base de apuramento da amortizações. A reavaliação periódica destes é pois uma via de minorar o problema[36].

Note-se que nas últimas décadas a reavaliação de activos imobilizados tem, entre nós, estado muito ligada ao fenómeno inflacionista. As revalorizações decorrentes dos métodos de reavaliação não tinham como fundamento principal – ou sequer regularmente mencionado – a expressão dos valores patrimoniais em termos de os ajustar aos valores de mercado ou justos valores. Tratava-se, antes de mais, de preocupações de natureza fiscal e de prudência financeira.

De facto, ao revalorizarem-se os imobilizados, buscavam-se, antes de mais, valores de reposição. Assim, aumentavam-se as amortizações e diminuíam-se os resultados. Em ambos os casos, o objectivo do Estado ao permitir, em sucessivos diplomas legais, que a reavaliação tivesse impacto fiscal, era o de evitar o aumento do imposto a pagar por via da menor importância registada como amortizações. Pelo lado dos órgãos de gestão, ter-se-iam que mencionar aspectos de prudência, ao evitar o reconhecimento de lucros fictícios que só surgem pela redução artificial de custos por via das amortizações.

É certo que, como adiante se verá, em muitos casos as reavaliações não tinham apenas motivos de prudência a comandá-las...

---

[36] Alexander e Nobes (1994) referem que na Alemanha, e dada a longa repercussão da hiper inflação que este país sofreu nos anos 20 do século XX, a reavaliação de activos fixos sempre foi muito mal vista. Os germânicos sempre manifestaram forte oposição às sugestões efectuadas a nível das instâncias comunitárias sobre revalorização de activos, tendo defendido que a objectividade do custo histórico seria mais importante do que a reexpressão dos activos em função dos problemas derivados da inflação. Os autores afirmam expressamente: *"There was German opposition to inclusion in the Fourth Directive of optional departures from historical cost. These options (...) have not been permitted in Germany".*

7.2. O método usado em Portugal para a reavaliação do imobilizado: contabilização e impacto financeiro[37]

No essencial, o método que, entre nós, era usado no âmbito do POC para reavaliar os activos imobilizados consistia na revalorização dos valores brutos dos activos e das respectivas amortizações acumuladas. Tal revalorização, se apenas decorrente da vontade da administração, poderia ser efectuada a partir do uso de índices de preços, de avaliações efectuadas por peritos independentes, de valores de reposição, de valores de mercado ou de outros métodos que se julgassem apropriados para reexpressar o valor dos activos fixos em função da inflação verificada desde a sua aquisição.

Porém, caso resultasse de reavaliação permitida ao abrigo de diploma fiscal[38], usava-se o índice de preços como base de cálculo dos novos valores brutos e das amortizações acumuladas.

A principal diferença entre as duas situações resultava do facto de, aquando da "reavaliação fiscal", o artigo 30.º do CIRC estabelecia a base de cálculo das amortizações seriam os valores resultantes dessa reavaliação[39]. Já no caso de as reavaliações decorrerem da mera vontade da gestão, os novos valores não podiam servir de base ao cálculo de amortizações para efeitos fiscais. Ou seja, a reavaliação livre influenciava o lucro contabilístico e, *coeteris paribus*, diminuía-o, pelo aumento das amortizações. A reavaliação feita ao abrigo de diploma fiscal, diminuía o lucro contabilístico e também o resultado tributável, pois uma parte (60%) do acréscimo das amortizações era fiscalmente relevante.

Como já se disse, ao aumento líquido do activo em virtude da reavaliação correspondia um registo na conta "Reservas de reavaliação". Esta evidenciava pois o incremento da situação líquida produzido pela reavaliação dos imobilizados.

Tomemos um exemplo hipotético de reavaliação ao abrigo de legislação fiscal.

---

[37] Este assunto pode ver-se, com desenvolvimento, em Borges *et al* (2002).

[38] Entre nós a última reavaliação autorizada fiscalmente foi permitida pelo Decreto-lei 31/98, de 11 de Fevereiro. Como desde então a inflação se tem mantido entre os 2% a 3% (salvo no ano atípico de 2009, devido a causas bem conhecidas), a premência destas autorizações decaiu.

[39] Todavia, como a seguir se verá, nem todo o acréscimo de amortizações era relevante para efeitos fiscais, pois o artigo 16.º do DR 2/90 não o permitia.

Admita-se que em 1990 uma empresa adquiriu uma máquina para a produção de bens pela quantia de 500 000 euro, a qual entrou em actividade no mesmo ano. A taxa de amortização que utilizou entre 1990 e 1994 foi de 10%. Suponha-se que, em 1995, se permite a reavaliação do bem, com referência aos valores de balanço de 1994. Assim, e supondo que o índice de preços a usar determinava um valor de 1,4 teríamos, no balanço reportado a 31 de Dezembro de 1994:

- valor bruto reavaliado do bem: 500 000 *1,4 = 700 000
- valor reavaliado das amortizações acumuladas: (10%*5*500 000) *1,4 = 350 000

Desta reavaliação resultou que o valor bruto do imobilizado aumentou 200 000 euro e o das amortizações de 100 000 euro. Assim, a reserva de reavaliação criada foi de 100 000 euro, correspondente à diferença entre os montantes relativos ao imobilizado e às amortizações acumuladas.

Deixando para o ponto seguinte a questão tributária, que impacto contabilístico-financeiro teria este procedimento?

Numa primeira análise, e como já se mencionou, a reavaliação dos imobilizados tinha por fito principal a actualização dos valores dos activos fixos de acordo com a evolução dos preços. Tal procedimento permitia o reconhecimento de amortizações mais consentâneas com a necessidade de apuramento de custos de produção e da libertação de meios para a reposição dos activos no final da sua vida útil. Buscava-se, no essencial, um meio que impedisse a descapitalização da empresa em resultado do apuramento de amortizações assentes em custos históricos rapidamente desactualizados por via da alta de preços.

Porém, a reavaliação de activos – assente ou não em legislação de natureza fiscal – foi muitas vezes usada não com esse fim principal, mas com o objectivo de melhorar a imagem de solidez financeira apresentada pelas empresas. Com efeito, entidades como a banca ou organismos estatais atribuem importância não despicienda a certos indicadores, tais como a autonomia financeira, que mede a relação entre capital próprio e activo líquido[40].

---

[40] Sobre os indicadores usados em análise financeira de empresas veja-se, entre nós, Moreira (1997) Neves (2001) e Martins (2004).

No caso da banca, os processos de análise de risco de crédito (*scoring*) servem-se, entre outros *inputs*, de indicadores de rendibilidade, equilíbrio financeiro a curto e médio prazo e de risco operacional, para calcular uma notação que influenciará o s*pread* ou margem negociada aquando da fixação da taxa de juro a cobrar.

No caso de entidades estatais, a candidatura de projectos de investimento a certos programas de apoio co-financiados pela União Europeia determina, geralmente, o cumprimento de certos valores de autonomia financeira pré e pós projecto. Ora, a reavaliação do imobilizado, se bem que modifique quer o capital próprio quer o activo, tem um impacto positivo neste indicador.

O exemplo seguinte ajuda a entender melhor o que vimos dizendo. Suponha-se que a empresa ALFA Lda. apresenta no momento 1 o seguinte balanço:

QUADRO 1: Balanço de uma entidade

Imobilizado	1 000 000
Existências	300 000
Clientes	200 000
Meios monetários	800 000
TOTAL ACTIVO	**2 300 000**
Capital próprio	500 000
Passivo	1 800 000
TOTAL CP + PASSIVO	**2 300 000**

Nesta situação, a sua autonomia financeira será de 500 000/2 300 000, o que dará 21,74%. Admita-se que, no imobilizado, existem equipamentos cujos valores brutos (representando custos históricos de aquisição, ocorrida há 5 anos) se elevam a 600 000, e que estão amortizados em 300 000. Se forem reavaliados com um coeficiente de 1,5 o valor líquido do activo aumenta em 150 000, bem como o da situação líquida.

A autonomia financeira passa então a ser de 26,53% (650 000//2 450 000).

Não custa admitir que se uma dada empresa pretende candidatar um projecto de investimento a um programa de incentivos, e uma das condições de acesso seja apresentar uma autonomia financeira superior a 25%, este expediente da reavaliação surja como artifício possível.

Também a cobertura de perdas eventualmente evidenciadas em saldos negativos constantes da conta "Resultados transitados" poderia ser, implicitamente, o objectivo da reavaliação. Teríamos, aqui, o fito de conseguir melhorar a situação patrimonial, apresentando uma situação líquida mais elevada[41].

E que implicações fiscais originava a reavaliação? A fim de analisar esta questão, teremos que levar em consideração vários preceitos, constantes de diversas normas.

8.
O tratamento fiscal das reavaliações de imobilizados no CIRC

No plano tributário, a reavaliação dos activos tinha, como se disse, particular interesse no tocante ao seu efeito sobre as amortizações fiscalmente aceites. Ora, dispunha o artigo 16.º, n.º 2, alínea a) do DR 2/90 que não era aceite como custo o produto de 0,4 pela importância do aumento das reintegrações resultantes do efeito fiscal[42].

A alínea b) do mesmo preceito estabelecia também que não era aceite como custo..."*a parte do valor líquido contabilístico dos bens que tenham sofrido desvalorizações excepcionais nos termos do artigo 10.º que corresponda à reavaliação efectuada.*"

Que concluir de tais normas?

No primeiro caso, que o legislador não levou até às suas consequências o reflexo fiscal das reavaliações. Com efeito, admitindo-se a reava-

---

[41] No ponto seguinte ver-se-á a incorrecção deste procedimento, enquanto a reserva de reavaliação não se considerar realizada.

[42] A aceitação do aumento das amortizações era, no entanto, total, como se refere no n.º 1 do artigo 16.º do DR 2/90 caso as reavaliações tivessem sido efectuadas no âmbito da Portaria n.º 20258, de 28 de Dezembro de 1963, e do Decreto-Lei n.º 126/77, de 2 de Abril.

liação para fins fiscais, o corolário lógico seria admitir a variação da amortização que daí resultasse como dedutível. Para mais, se um dos objectivos da reavaliação é a de tentar evitar a descapitalização das empresas por via do pagamento de impostos sobre rendimentos apurados com base em amortizações subavaliadas, então tal objectivo é depois parcialmente abandonado ao introduzir-se um limite à dedutibilidade fiscal do aumento da amortização. Terão pesado aqui, essencialmente, razões relacionadas com a perda de receita fiscal? É provável que sim.

Já a alínea b), cuja redacção não se afigura a mais simples e clara, determinava que, no caso de um bem ter sofrido uma desvalorização excepcional, se fosse posteriormente reavaliado, então a variação das amortizações que fosse imputável à reposição do valor que previamente fora diminuído pela desvalorização não seria custo fiscal.

Para melhor entendimento, admita-se o seguinte exemplo: uma dada empresa adquiriu um bem, no exercício N, por 200 000 euro. Em N+2 foi registada, e efectivamente aceite, uma desvalorização excepcional de 50 000 euro, que diminuiu o valor líquido do bem.

Suponha-se que, em N+4, uma reavaliação implica que essa desvalorização excepcional seja compensada. Bem se compreende então que se o valor de 50000 foi em N+2 aceite como custo ao abrigo do artigo 10.º do DR 2/90, quando a reavaliação do activo repõe o valor inicial, e no caso de a amortização fiscal ser calculada com base no novo valor de N+4, haveria dupla consideração do mesmo custo: 50 000 em N+2; e novamente nos exercícios posteriores a N+4, caso as amortizações dos mesmos 50 000, que agora aumentaram de novo o valor de base do activo, fossem abatidas ao lucro tributável.

Ainda no plano fiscal, tinha aqui grande relevo a DC 28 – "Impostos sobre o rendimento". Todavia, antes de abordar o que nela se afigura como mais saliente, haverá que tratar, ainda que muito brevemente, o que dispunha a DC 16 – "Reavaliação de Activos Imobilizados Tangíveis".

Na verdade, dispunha-se nesta última DC (ponto 1.3) que em face do abuso que se vinha observando na utilização imediata da reserva de reavaliação na cobertura de prejuízos registados em resultados transitados, ou para reforço imediato do capital social através da incorporação da reserva, só os excedentes (reservas) que se considerassem realizados se poderiam usar para tais fins. E o ponto 2.4 da referida DC estabelecia que só o uso ou a alienação dos bens reavaliados permita a realização da reserva.

Quanto à DC 28, dispunha o respectivo ponto 27 que quando, por causa da reavaliação, a base contabilística do valor do bem fosse superior à base tributável – o que, como vimos, acontecia geralmente, por força da não dedutibilidade fiscal de 40% do acréscimo de amortizações decorrente da reavaliação – então haveria que reconhecer imposto diferido (passivo). Assim, o aumento do valor das imobilizações deveria ter como contrapartida a reserva de reavaliação e o passivo por impostos diferidos.

No ponto 28 estabelecia-se que a reversão do dito passivo por imposto diferido se processaria através da realização da reserva, quer pelo uso – e respectiva amortização – do bem, quer pela alienação. Existia pois uma ligação entre as disposições da DC 28 e da DC 16.

Com efeito, a primeira fazia depender da realização da reserva a contabilização da reversão do imposto diferido originado aquando da reavaliação. Essa realização resultava do uso ou da alienação dos bens cuja reavaliação tinha dado azo ao registo da mesma reserva.

O ponto 60 da DC 28 ilustrava como se deveriam movimentar as contas de passivos por impostos diferidos referentes à reavaliação. De todo o modo, o que mais interessa é salientar que a reavaliação tinha um tratamento fiscal que originava diferenças nas bases contabilística e fiscal dos bens reavaliados. Também aqui o legislador não admitiu a repercussão tributária automática – v.g., através da aceitação integral das amortizações adicionais – da reavaliação sobre o lucro tributável. Na esteira do tratamento das desvalorizações, verificou-se uma atitude restritiva por parte das entidades fiscais no domínio do impacto fiscal das modificações de valor dos activos imobilizados, fosse por desvalorização, fosse por reavaliação.

O POC e a versão do CIRC que vigoraram até 2009 pertencem, contudo, ao passado.

Analisado, de forma breve, o enquadramento contabilístico e fiscal das variações dos imobilizados em sede daqueles normativos, vamos agora voltar a nossa atenção para o principal objectivo deste livro: a análise do tratamento que o SNC e o novo CIRC reservaram às perdas por imparidade em activos tangíveis e intangíveis, dando, nestes últimos, realce especial ao *goodwill*.

9.
Imparidade em activos fixos tangíveis no SNC: seu reflexo contabilístico

9.1. A relevância dos activos fixos tangíveis e intangíveis: alguns exemplos

O quadro 2 ilustra a importância relativa dos activos tangíveis e intangíveis no património de algumas empresas nacionais e internacionais.

QUADRO 2: A importância relativa dos activos tangíveis e intangíveis, em 2008, para algumas entidades

(em milhões de euro)

Empresa	Activo total	Activos fixos tangíveis	Activos intangíveis	Percentagem dos tangíveis no activo total	Percentagem dos intangíveis no activo total
Portugal Telecom	13.713	4.637	3.463	33,81%	25,05%
EDP	35.709	21.126	5.842	59,16%	16,36%
Novabase	203	8	29	3,94%	14,28%
Cimpor	4.615	2.007	1.319	43,48%	28,58%
Efacec	656	108	30	16,46%	4,57%
Microsoft	72.793	6.242	14.080	8,57%	19,34%
BMW	101.086	30.816	5.641	30,48%	5,58%

Fonte: Relatórios e Contas extraídos dos sites das entidades constantes do quadro. (Para a Microsoft, valores em milhões USD)

Como se observa, a natureza do negócio é, em primeiro lugar, o factor determinante do peso relativo dos activos tangíveis e intangíveis.

Com efeito, em entidades como a EDP, CIMPOR ou BMW, e dada a necessidade de instalações e equipamentos para a produção de bens que comercializam, não é de estranhar a preponderância dos activos tangíveis na respectiva estrutura patrimonial.

Já em empresas como a MICROSOFT ou a NOVABASE, do ramo da tecnologias de informação, é sem surpresa que os intangíveis predominam. A título de curiosidade, note-se que, no caso da MICROSOFT, o *goodwill* representa 12.108 mil milhões de USD, equivalentes a 86,42% dos intangíveis. Tal facto denota a política de continuadas aquisições de empresas mais pequenas que o gigante da informática tem prosseguido.

O que o quadro deixa claro é a extrema relevância patrimonial de activos tangíveis e intangíveis. Assim, todos os efeitos das normas contabilísticas – em particular da que regula as perdas por imparidade – têm uma capital importância nas demonstrações financeiras das entidades.

9.2. As perdas por imparidade em activos fixos tangíveis no SNC: questões conceptuais

O SNC consagrou mudanças de relevo no ordenamento contabilístico português. Com efeito, o objectivo primordial da sua introdução consistiu na identificação do ordenamento português com as normas internacionais, das quais o POC se afastava em larga medida[43].

Desse ponto de vista, as alterações às demonstrações financeiras, ao plano de contas e, sobretudo, as 28 NCRF que se incluem no SNC[44], vieram trazer ao tema das desvalorizações em activos de longo prazo (agora designadas de "imparidades") um redobrado relevo. Com efeito,

---

[43] Realce-se, de novo, que as Directrizes Contabilísticas já acolhiam, em muitos casos, o normativo internacional (v.g, Impostos sobre o rendimento, Locações, Fluxos de caixa, Benefícios de reforma). Assim, o acolhimento no ordenamento contabilístico nacional das IAS-IFRS foi-se fazendo gradualmente. Pode-se objectar, no entanto, que este método foi transformando o dito ordenamento numa manta de retalhos, em que as demonstrações financeiras e o plano de contas estavam afastados das normas internacionais, que, apesar disso, iam penetrando na ordem contabilística nacional por via das DC.

[44] A que se junta a NCRF para Pequenas Entidades (NCRF-PE).

e como já antes referimos, as amortizações extraordinárias tinham, no âmbito do POC, e como a própria designação indicia, uma natureza ocasional. A aproximação que visavam do valor contabilístico a uma quantia que melhor reflectisse o seu real valor assentava num procedimento que, no plano do normativo então em vigor, tinha claramente um papel secundário face ao fenómeno das amortizações regulares dos bens.

Esta forma de encarar e tratar normativamente as desvalorizações excepcionais mudou significativamente no âmbito do SNC. Em primeiro lugar porque as perdas por imparidade visam, agora, uma aproximação do valor dos bens ao seu valor realizável de mercado ou ao valor de uso. Ora esta finalidade não era expressamente assumida no POC da maneira explícita que agora o é no SNC. Em segundo, por que as NCRF 6 e 7- que tratam dos activos intangíveis e activos fixos tangíveis, respectivamente –, bem como a NCRF 12, que se ocupa da imparidade em activos, conferem a este tema um alcance e uma profundidade conceptual e aplicada que, claramente, nunca teve antes entre nós.

Ora o que dispõe, de particular interesse para o tema que nos ocupa, a NCRF 7 – Activos fixos tangíveis?

Vejamos, primeiramente, algumas definições. Assim, a dita norma estabelece as seguintes:

– Activos fixos tangíveis são bens que sejam detidos para a produção ou fornecimento de bens ou serviços, para arrendamento a outros ou para uso administrativo, e se espera que sejam utilizados durante mais do que um período.

Esta característica essencial do uso plurianual implica a sua depreciação (amortização), que, também segundo a NCRF 7, consiste na imputação sistemática[45] da quantia depreciável de um activo durante a sua vida útil.

– Perda por imparidade é definida pela referida norma como o excedente da quantia escriturada de um activo em relação à sua quantia recuperável. Esta última, por sua vez, é definida como a quantia mais alta entre o preço de venda líquido de um activo e o seu valor de uso.

---

[45] Leia-se : imputação *a gastos.*

Tal como no âmbito do POC, e como seria de esperar, a depreciação é o processo de imputar aos gastos do período o desgaste normal que o uso dos activos fixos tangíveis provoca. Duas questões daqui emergem. Qual o período de vida útil, e como calcular em cada período a quantia que representa a depreciação? Ou, dito de outro modo, que método de depreciação usar?

Sobre o primeiro caso, vale a pena referir o §56 da NCRF 7, que estabelece:

"Os futuros benefícios económicos incorporados num activo são consumidos por uma entidade principalmente através do seu uso. Porém, outros factores, tais como obsolescência técnica ou comercial e desgaste normal enquanto um activo permaneça ocioso, dão origem muitas vezes à diminuição de benefícios económicos (...). Consequentemente, todos os factores que se seguem são considerados na determinação da vida útil de um activo:

a) Uso esperado do activo,
b) Desgaste normal esperado,
c) Obsolescência técnica ou comercial,
d) Limites legais ou semelhantes no uso do activo".

Refira-se, ainda, que o § 50 estabelece que: *"A quantia depreciável de um activo deve ser imputada numa base sistemática durante a sua vida útil.* E o § 51determina que: *"O valor residual e a vida útil de um activo devem ser revistos pelo menos no final de cada ano financeiro(...)".*

O que concluir do conjunto de preceitos citados?

A primeira grande conclusão que deles resulta é o facto de a norma obrigar a uma revisão periódica da estimativa da vida útil. Esta faz-se levando em conta aspectos relacionados com a obsolescência técnica ou comercial e as limitações legais entretanto evidenciadas. Ora, não se anda aqui longe de causas de possíveis desvalorizações.

Quer dizer, a norma, ao determinar a revisão da vida útil, impõe a consideração de factores que podem implicar desvalorizações das quantias líquidas escrituradas previamente.

Exemplifiquemos: admita-se que uma empresa adquiriu no final do ano N uma máquina para o fabrico de um bem. A quantia escriturada da máquina foi de 500 000 euro, o valor residual estimado foi nulo e a vida útil prevista de 10 anos. A depreciação anual, provocada pelo uso da máquina, seria de 50 000 euro. Se, no final do ano N+1, factores de obsolescência tecnológica encurtam a vida útil apenas para 4 anos adicionais, (em vez de nove) mantendo-se o valor residual nulo, o valor anual a depreciar (450 000 euro) será agora de 450 000/4 = 112 500 euro. Será isto equivalente a uma perda por imparidade?

No plano estritamente contabilístico parece que não é essa a conclusão a retirar da NCRF 7. Na verdade, todos estes ajustamentos são efectuados no processo de apuramento da depreciação do bem tangível, que assenta em estimativas, e sua revisão periódica[46].

E é também evidente que a NCRF 7 – ao colocar o tópico "Quantia depreciável e período de depreciação" no § 51 que atrás se citou sobre a revisão da vida útil – determina que, formalmente, estas revisões de estimativas não são perdas por imparidade. Estas surgem, aliás, previstas nos §§ 63 e segs. da NCRF 7.

O reconhecimento de uma perda por imparidade implica a comparação entre a quantia escriturada e a quantia recuperável. Esta é dada pelo valor de venda menos os custos de vender, ou pelo valor de uso – geralmente o valor actual dos fluxos de caixa descontados que se estima que o activo (ou, como veremos, um grupo de activos) possa gerar.

Assim, o processo de alteração do valor depreciável do bem por modificação da vida útil surge, ao menos num plano normativo, distinto do enquadramento contabilístico das perdas por imparidade. Embora, como se verá, a aplicação prática de tal distinção possa revelar-se menos clara.

Aliás, os próprios métodos de mensuração dos activos fixos tangíveis evidenciam a diferença entre o conceito de depreciação (que depende da vida útil estimada e do valor residual) e de perda por imparidade.

Com efeito, segundo os §§ 29 e 30 na NCRF 7, se uma entidade usa o *modelo do custo* na mensuração de activos fixos tangíveis, após o reconhecimento como activo, tais bens devem ser *"escriturados pelo seu*

---

[46] Porém, como o exemplo mostra, a alteração da vida útil implica uma desvalorização económica do bem, ao provocar a sua depreciação a um ritmo superior ao esperado. Adiante, no ponto 9.3., veremos que a destrinça entre perda de valor provocada por alteração da estimativa da vida útil e as perdas por imparidade pode revelar-se muito menos nítida.

custo menos qualquer depreciação acumulada e quaisquer perdas por imparidade acumuladas"[47]. A distinção entre depreciação e perda por imparidade é, ao menos no plano normativo, bem patente.

Se for usado o modelo da *revalorização*, *"após o reconhecimento como um activo, um item do activo fixo tangível cujo justo valor possa ser mensurado fiavelmente deve ser escriturado por uma quantia revalorizada, que é o seu justo valor à data da revalorização, menos qualquer depreciação acumulada subsequente e perdas por imparidade acumuladas subsequentes."*

(No ponto 17 deste livro efectuar-se-á uma referência mais desenvolvida à questão das revalorizações de activos fixos tangíveis. Por agora, a análise centra-se na questão da imparidade).

Se a NCRF 7 distingue de forma tão nítida as depreciações das perdas por imparidade, estas são tratadas com pormenor numa NCRF específica: a 12 – "Imparidade de activos".

Aí se define que a quantia recuperável – a ser comparada com a quantia escriturada a fim de determinar eventual imparidade – é quantia mais alta de entre o justo valor de um activo menos os custos de o vender, e o seu valor de uso.

E no seu § 12 esta NCRF estabelece que: *"A melhor evidência do justo valor menos os custos de vender de um activo é um preço num acordo de venda vinculativo numa transacção entre partes sem qualquer relacionamento entre elas(...).*

O valor de uso é agora definido como: *"valor presente dos fluxos de caixa futuros estimados, que se espere surjam do uso continuado de um activo e da sua alienação no fim da sua vida útil."*

Parece, pois, claro que a perda por imparidade há-de resultar de um confronto entre a quantia referente a um activo fixo tangível que consta do balanço e o respectivo valor recuperável. Este valor recuperável pode ser apurado de duas formas: por um valor de mercado menos os gastos de alienação (cuja melhor aproximação será o preço formado entre partes

---

[47] Subl. meu. Sendo certo que tanto depreciações como perdas por imparidade reduzem o valor escriturado líquido dos activos, não é propósito deste trabalho tratar da questão da depreciações. Estas, ao contrário, das imparidades, têm sido bastante analisadas. Veja-se, entre outros, Borges *et al* (2002) e Pinto (2004).

conhecedoras e interessadas numa transacção livre), ou pelo valor de uso (cuja melhor aproximação será o montante descontado dos benefícios esperados que se espera obter do activo durante a vida útil, acrescido do valor residual estimado na data prevista de alienação).

Num plano conceptual, tais elementos conferem aos activos escriturados um valor que deixa de ser o custo histórico diminuído das depreciações acumuladas. Passa agora a estar mais próximo do preço de mercado (quantia recuperável), ou do montante que os gestores da entidade julgam que se deve atribuir ao activo no âmbito da sua continuidade ao serviço da empresa (valor de uso).

Que procedimento seguir então para determinar se um activo poderá estar ferido de imparidade?

9.3. A determinação das perdas por imparidade: fontes a considerar e dificuldades de aplicação prática

À questão suscitada na parte final do ponto anterior respondem os §§ 5 a 8 da NCRF 12. Pela sua importância transcrevem-se os §§ 5, 7 e 8.

5 – Uma entidade deve avaliar em cada data de relato se há qualquer indicação de que um activo possa estar com imparidade. Se existir qualquer indicação, a entidade deve estimar a quantia recuperável do activo.

7 – Ao avaliar se existe qualquer indicação de que um activo possa estar com imparidade, uma entidade deve considerar, como mínimo, as seguintes indicações:

Fontes externas de informação:

(a) Durante o período, o valor de mercado de um activo diminuiu significativamente mais do que seria esperado como resultado da passagem do tempo ou do uso normal.

(b) Ocorreram, durante o período, ou irão ocorrer no futuro próximo, alterações significativas com um efeito adverso na entidade, relativas ao ambiente tecnológico, de mercado, económico ou legal em que a entidade opera ou no mercado ao qual o activo está dedicado.

(c) As taxas de juro de mercado ou outras taxas de mercado de retorno de investimentos aumentaram durante o período, e esses aumentos provavelmente afectarão a taxa de desconto usada no cálculo do valor de uso de um activo e diminuirão materialmente a quantia recuperável do activo.

(d) A quantia escriturada dos activos líquidos da entidade é superior à sua capitalização de mercado.

Fontes internas de informação:

(e) Está disponível evidência de obsolescência ou dano físico de um activo.

(f) Alterações significativas com um efeito adverso na entidade ocorreram durante o período, ou espera -se que ocorram num futuro próximo, até ao ponto em que, ou na forma em que, um activo seja usado ou se espera que seja usado. Estas alterações incluem um activo que se tornou ocioso, planos para descontinuar ou reestruturar a unidade operacional a que o activo pertence, planos para alienar um activo antes da data anteriormente esperada, e a reavaliação da vida útil de um activo como finita em vez de indefinida.

(g) Existe evidência nos relatórios internos que indica que o desempenho económico de um activo é, ou será, pior do que o esperado.

8 – Se houver uma indicação de que um activo possa estar com imparidade, isto pode indicar que a vida útil remanescente, o método de depreciação (amortização) ou o valor residual do activo precisa de ser revisto e ajustado de acordo com a Norma aplicável ao activo, mesmo que não seja reconhecida qualquer perda por imparidade relativa a esse activo.

Confrontando os parágrafos atrás citados da NCRF 12 com o parágrafo 56 da NCRF 7, fica evidenciado o carácter mais abrangente dos factores a considerar na determinação da possível imparidade de um activo fixo tangível, por comparação aos elementos a ter em conta na revisão da sua vida útil.

As fontes externas e as causas determinantes de possível imparidade, bem como as fontes internas, incluem motivos variados, mas que se centram nos seguintes factores:

- para bens com mercado potencial no qual possam ser negociados, o valor de alienação (quantia recuperável) sofreu uma baixa significativa (materialmente relevante), em virtude, por exemplo, de perda de rendibilidade geral do sector de actividade a que tal activo pode ser afecto;
- existe evidência interna, complementada com elementos externos, de que, no caso de apuramento do valor de uso, os benefícios esperados indicam uma deterioração clara do desempenho esperado do activo, isto é, do seu contributo para os resultados e fluxos de caixa da entidade. Isso pode ocorrer, por exemplo, em virtude de sucessivas reparações e paragens da sua actividade que afectam a tempestividade e o montante dos benefícios esperados;
- existem alterações tecnológicas súbitas que reduzem a produtividade do activo e o seu desempenho futuro, podendo aqui servir de exemplo a introdução de equipamentos de preços comparáveis mas com desempenho técnico muito superior em termos de produção por unidade de tempo;
- existem alterações legais que influem sobremaneira na capacidade de o activo gerar benefícios económicos futuros, por exemplo restringindo o seu uso produtivo previsto ou a intensidade da sua utilização e, consequentemente, os benefícios regulares que dele se poderiam retirar.
- existem provas observáveis que as taxas de desconto a usar no apuramento do valor actual dos benefícios esperados do bem aumentaram. Ora, *coeteris paribus*, tal reduz o valor presente desses benefícios. Adiante – ponto 13.4 – trataremos desta questão com maior pormenor. No entanto, a alteração da taxa de desconto, e supondo por agora apenas o custo de oportunidade do capital accionista, variará em função de três factores: a taxa de retorno esperada das aplicações sem risco, o prémio de risco e o conhecido parâmetro "Beta" que mede e relação entre a volatilidade de um título e a de uma carteira que represente o mercado accionista.

Enfim, se para activos com preços disponíveis em mercados com transacções frequentes ou avaliáveis por peritos que, com suficiente grau de fiabilidade, possam fornecer preços equivalentes aos que teriam esses activos caso fossem transaccionados, a quantia recuperável será mais objectivamente determinável.

Porém, no caso de esta quantia ser calculada a partir do valor actual dos *cash flows* esperados aumentará bastante o seu grau de variabilidade. Ou seja, o cálculo das perdas por imparidade pode estar influenciado por uma dose significativa de subjectividade. Quando, nos pontos 12 e 13 tratarmos da questão das perdas por imparidade no *goodwill*, esta subjectividade será mais detalhadamente analisada.

Um outro ponto merece um comentário adicional. Não deixa de provocar uma situação complexa – e na prática de muito difícil exequibilidade – a distinção entre a revisão da vida útil de acordo com o § 56 da NCRF 7, e a mesma revisão que é imposta pelo § 8 da NCRF 12[48].

A revisão da vida útil sem reconhecimento de perda por imparidade pode ser difícil de destrinçar face a uma eventual situação provocada por inovação tecnológica que, afectando a vida útil do bem e o período de geração de benefícios, implique o reconhecimento de perda por imparidade. De facto, a mera alteração da vida útil poderá ter efeito (por regra tê-lo-á) ou na quantia recuperável se o bem tiver mercado em funcionamento activo, ou no valor de uso. Assim, se a vida útil se alterou, isso terá, muito provavelmente, um efeito no preço de mercado do bem. A mesma causa terá consequências nos fluxos de caixa esperados, mais que não seja no número de exercícios futuros nos quais se espere que tais fluxos ocorram.

A distinção formal que anteriormente apontámos entre a revisão da vida útil prevista nos §§ 50, 51 e 56 da NCRF 7 e as perdas por imparidade será, na prática, por vezes, muito esbatida, não permitindo uma separação absolutamente clara entre as duas situações.

Ainda no âmbito da mensuração da perda por imparidade, vejamos quais os preceitos que a NCRF 12 prescreve para apurar o valor de uso – já que, no caso da quantia recuperável, há-de existir um mercado onde a mesma se possa fundar.

---

[48] Também o § 31 da NCRF 12 conduz a idêntico procedimento. Vejamos a sua redacção:

31 — Após o reconhecimento de uma perda por imparidade, o encargo com a depreciação (amortização) do activo deve ser ajustado nos períodos futuros para imputar a quantia escriturada revista do activo, menos o seu valor residual (se o houver) numa base sistemática, durante a sua vida útil remanescente.

A isso respondem os §§ 16 e seguintes, que se transcrevem de seguida.

16 – Os seguintes elementos devem ser reflectidos no cálculo do valor de uso de um activo:

(a) Uma estimativa dos fluxos de caixa futuros que a entidade espera obter do activo;

(b) Expectativas acerca das possíveis variações na quantia ou na tempestividade desses fluxos de caixa futuros;

(c) O valor temporal do dinheiro, representado pela taxa corrente de juro sem risco de mercado;

(d) O preço de suportar a incerteza inerente ao activo; e

(e) Outros factores, tais como a falta de liquidez, que os participantes do mercado reflectissem no apreçamento dos fluxos de caixa futuros que a entidade espera obter do activo.

17 – Ao mensurar o valor de uso, uma entidade deve:

(a) Basear as projecções de fluxos de caixa em pressupostos razoáveis e suportáveis que representem a melhor estimativa da escala de condições económicas que existirão durante a vida útil remanescente do activo. Deve ser dada maior ponderação a evidências externas;

(b) Basear as projecções de fluxos de caixa nos orçamentos/ previsões financeiros mais recentes aprovados pela gerência, mas deve excluir quaisquer influxos ou efluxos de caixa futuros estimados que se espera venham a resultar de reestruturações futuras ou de aumentos ou melhorias no desempenho do activo. As projecções baseadas nestes orçamentos/ previsões devem abranger um período máximo de cinco anos, a menos que um período mais longo possa ser justificado.

(c) Estimar projecções de fluxos de caixa para além do período abrangido pelos orçamentos/previsões mais recentes extrapolando as projecções baseadas nos orçamentos/previsões pelo uso de uma taxa de crescimento estável ou decrescente para os anos subsequentes, a menos que uma taxa crescente possa ser justificada.

18 – As estimativas de fluxos de caixa futuros devem incluir:

(a) Projecções de influxos de caixa derivados do uso continuado do activo;

(b) Projecções de exfluxos de caixa que sejam necessariamente incorridos para gerar os influxos de caixa derivados do uso continuado do activo (incluindo exfluxos de caixa para preparar o activo para uso) e possam ser directamente atribuídos, ou imputados numa base razoável e consistente, ao activo; e

(c) Fluxos de caixa líquidos, se os houver, a receber (ou a pagar) pela alienação do activo no fim da sua vida útil.

Ora, como se vê, a norma é bastante detalhada, apontando como ferramenta de cálculo do valor de uso o método dos fluxos de caixa descontados em avaliação de activos, tal como é usualmente descrito nos manuais da especialidade.[49]

O método está descrito na norma com apreciável desenvolvimento. Isso pode ajudar os preparadores da informação financeira a calcular o valor de uso a fim de averiguar se um activo pode estar com imparidade. Contudo, a aplicação prática do método suscita não poucos problemas[50].

No tocante à projecção dos *cash flows* que se espera obter de um activo, e como é sabido, haverá que considerar a (extremamente complexa) questão das estimativas de rendimentos operacionais que ele facultará. Depois, os gastos operacionais que lhe serão inerentes. Ora, ambas as estimativas, em especial a primeira, estão eivadas de um elevado grau de incerteza.

Como os excertos da norma acima transcrita mostram, na determinação dos *cash flows*, devem ser incluídas algumas componentes e excluídas outras. O § 18 determina a inclusão do *cash flow* estimado pela alienação do activo. Já o § 19, ao estabelecer que os fluxos de caixa são relativos ao bem na sua condição corrente, impede que se incluam os fluxos de caixa originados por eventuais reestruturações ou aumentos e melhorias no desempenho do activo.

---

[49] Veja-se, Damodaran (1996), Neves (2002) Copeland *et al* (2000) e Martins *et al* (2009).

[50] No ponto 13 veremos com pormenor os problemas causados pela aplicação do método dos *cash flows* descontados na valorização de activos. Virá tal apreciação a propósito da avaliação de empresas com vista ao apuramento do *goodwill*. Ainda assim, cabe aqui uma breve referência a alguns aspectos que a aplicação do método suscita, quando aplicado a activos tangíveis.

A propósito deste tema, admita-se a seguinte situação: uma entidade testa um segmento de negócio com a finalidade de averiguar se os activos que o constituem apresentam imparidade. Não há mercado activo para esses bens, pelo que o valor realizável menos os custos de vender não se pode utilizar como forma de apuramento do valor recuperável. O valor contabilístico líquido dos activos afectos ao segmento é de 10 milhões (M) de euro. A gestão da entidade efectuou duas estimativas para o valor de uso. Uma delas, de 9 milhões exclui os benefícios previstos de uma reestruturação que se pensa levar a cabo. A outra, de 10,5 milhões, inclui os benefícios do segmento reestruturado. Ora, de acordo com o § 18 da NCRF 12, a estimativa correcta de valor de uso a considerar será a primeira, e os activos do segmento apresentam uma imparidade de 1 milhão de euro.

Para além do problema decorrente das estimativas a efectuar a fim de avaliar eventuais imparidades, também a taxa de actualização a que os *cash flows* devem ser descontados é outro problema considerável com o qual a teoria financeira se tem debatido. Até hoje, não há respostas definitivas para essa questão. Em particular a quantificação do prémio de risco a usar no cômputo do custo do capital próprio (*equity risk premium*) constitui uma questão sempre em aberto[51].

Como também é bem conhecido, os modelos – como o CAPM – que geralmente se usam para apurar o custo do capital próprio implicam que as empresas estejam cotadas em bolsa. Ora, entre nós, tal condição é satisfeita por um pequeno número de entidades. Por outro lado, a tradução da maior ou menor liquidez do activo no risco a adicionar à taxa de desconto – supondo que o impacto do risco não se fez por via da estimação dos *cash flows* – é um problema muito delicado. A quantificação do prémio a exigir por uma menor liquidez é fortemente subjectiva; o que também poderá influir num apuramento de perdas por imparidade que virá afectado de apreciável incerteza.

Como se todas estas questões de aplicação prática já não contribuíssem para tornar o apuramento de perdas por imparidade em activos tangíveis num exercício complexo, surge ainda uma outra, prévia à quanti-

---

[51] Veja-se, com desenvolvimento, Alpalhão e Alves (2002), Damodaran (2008) e Bastos e Martins (2008). Adiante, no ponto 13.4, aludiremos com detalhe a estes estudos, em especial ao segundo.

ficação e reconhecimento destas perdas. Devem os testes de imparidade ser efectuados relativamente a certos bens, tomados isoladamente, ou antes a grupos de bens?

Como bem se compreende, no caso de activos para os quais existam mercados com transacções frequentes, o preço (líquido dos custos de venda) pode ser determinável. Aqui, o teste de imparidade a um activo individual pode então ser efectuado. Se, por exemplo, uma empresa de construção civil têm cinco grandes camiões de transporte de betão, e se existe um mercado activo para a compra e venda desses camiões como bens em segunda mão, então o justo valor menos os custos de vender é uma boa aproximação da quantia recuperável.

Já assim não será se um bem não tiver um mercado activo onde seja transaccionado. Neste caso, a quantia recuperável assentará no valor de uso que, como vimos, depende do montante actual dos fluxos de caixa estimados. Ora, em tal caso, os grupos de activos capazes de gerar *cash flows* serão a base para os testes de imparidade. É que só estes grupos de bens, e não os activos isoladamente considerados, têm capacidade de geração de fluxos de caixa. Por isso se designam de unidades geradoras de caixa (UGC) – *cash flow units*).

Ou seja: os testes poderão ser efectuados para um dado bem ou para grupos de bens que constituam unidades geradoras de fluxos de caixa.

9.4. Unidades geradoras de caixa e testes de imparidade

De acordo com a NCRF 12, uma UGC é constituída pelo mais pequeno grupo de activos que geram fluxos de caixa pelo seu uso continuado e que são essencialmente independentes dos *cash flows* gerados por outros activos ou grupo de activos.

Imaginemos o seguinte exemplo a fim de ilustrar algumas particularidades no processo de seleccionar uma UGC. Uma empresa fabricante de bicicletas tem três secções fabris: corte de chapa metálica, soldadura e pintura.

Suponha-se que na secção de soldadura existe uma máquina de soldar robotizada que efectua toda as operações necessárias. Ora, esta máquina não gera *cash flows* por si só – eles provêm da venda de bicicletas – e nem sequer os gera independentemente dos equipamentos das outras secções (corte e pintura).

Assim, caso a empresa fabrique vários tipos de bicicletas e tenha – o que não será o caso mais comum – diferentes equipamentos exclusivamente afectos a diferentes tipos de produtos, poderiam definir-se UGC para os equipamentos afectos a cada produto. Porém, no caso mais provável, os equipamentos servirão para cortar, soldar e pintar os diferentes tipos de materiais usados no fabrico das bicicletas que a empresa vende. A UGC poderá, no limite, ser constituída por toda a empresa, não sendo a entidade divisível em UGC que gerem *cash flows* independentes de outras.

Como se pode concluir, a definição de uma UGC não será, muitas vezes, fácil. Todavia, compreende-se que a estimativa de uma perda por imparidade, em especial no caso de o valor de uso ser o referencial, terá de assentar em activos que sejam capazes de gerar fluxos de caixa. Com efeito, sendo o valor de uso dado pela quantia actualizada dos fluxos de caixa estimados, não faria sentido aplicar um teste de imparidade baseado no valor de uso relativamente a um activo isolado sem capacidade de gerar fluxos de caixa.

Isto, saliente-se, para um activo cujo justo valor deduzido dos custos de venda não seja determinável.

Ou seja, se para activos individuais que sejam transaccionáveis em mercados e para os quais se possa estimar o justo valor menos os custos de vender será possível aplicar isoladamente testes de imparidade, já assim não será para activos cuja quantia recuperável se baseia no apuramento do valor de uso. Aqui terá, como bem se entende, que se determinar qual a mais pequena unidade (UGC) que gera *cash flows* previstos independentes de outros activos.

Como se refere no § 35 da NCRF 12: "A identificação da UGC de um activo envolve juízo de valor(...)". Esse juízo de valor terá, no essencial, que ver com os critérios (sempre mais ou menos subjectivos) de agregação de activos relacionados, que formarão uma UGC. A questão central surgirá então no agrupamento de activos que geram fluxos de caixa que são independentes dos de outros activos. Vejamos um exemplo.

Uma empresa de fabrico de produtos têxteis produz e vende quatro tipos de casacos. Supondo que não há mercado com transacções regulares para os activos afectos à produção, então para se testar a imparidade dos activos o valor de uso terá que ser estimado. Numa situação ideal, cada grupo de activos estaria afecto a uma linha de produto, e seria possível agrupar os activos em UGC por via de um critério da sua afectação a um dado tipo de casaco fabricado.

Porém, pode acontecer que uma dada máquina sirva, simultaneamente, para a produção dos quatro produtos. Como proceder em tal caso a fim de testar a imparidade da referida máquina?

Uma solução possível seria, aquando do agrupamento dos activos, imputar a cada UGC um valor percentual da dita máquina em função da sua utilização na produção de cada linha de casacos. Assim, definir-se-iam as quatro UGC, e verificar-se-ia a existência ou não de imparidade comparando a quantia escriturada de cada uma – na qual figuraria uma parte da máquina – com o valor actual dos *cash flows* esperados de cada linha de negócio.

Admitindo que a empresa em questão apenas fabrica e vende estes produtos, haveria que imputar às UGC activos não directamente afectos à produção. Uma vez mais, critérios que podem enfermar de apreciável subjectividade terão de ser aplicados. Na verdade, sempre considerando o exemplo em apreço, se existirem dois automóveis afectos a vendedores das quatro linhas de produtos, haveria que imputar esses automóveis às quatro UGC. É claro que, uma vez mais, se poderia usar um critério percentual, baseado, hipoteticamente, no peso relativo das vendas de cada produto. Para terminar este já longo exemplo, pode aventar-se um outro problema a resolver: como afectar às quatro UGC os computadores da secção administrativa da empresa?

Enfim, bem se entende que, muitas vezes, nas médias e grandes empresas, sejam os segmentos de negócio – com todos os activos de natureza produtiva, administrativa, comercial – a base do critério para testes de imparidade, e não grupos de activos afectos a uma dada secção estritamente produtiva de bens ou serviços.

Para complementar este importante ponto, apresentam-se mais dois exemplos.

Suponha-se, no primeiro, que a empresa CYCLE Lda fabrica bicicletas de dois tipos : B1 e B2. Tem duas linhas de produção, que constituem duas UGC. Porém, a máquina de controlo de qualidade é comum às duas linhas de produção.

O valor escriturado dos activos afectos á linha 1 (que produz B1) é de 500 000 euro, e o dos activos afectos à linha 2 (que produz B2) é de 700 000 euro. A máquina de controlo de qualidade tem um valor escriturado de 50 000 euro.

Se a introdução no mercado de bicicletas provindas da China, que concorrem com o modelo B1, determinar imparidade na UGC relativa à linha 1 (admita-se que se reconhece uma perda por imparidade de 100 000 euro), como imputar uma parcela da dita perda por imparidade à máquina de controlo de qualidade?

Uma hipótese, na prática algo difícil de se concretizar, seria a de conseguir imputar individualmente a cada activo afectado uma proporção da perda por imparidade. Para tal seria necessária uma identificação precisa da perda imputável a cada bem. Assim sendo, a imputação da parcela relevante da perda à máquina de controlo de qualidade seria feita por apuramento directo dessa perda no valor da máquina.

Uma outra possibilidade seria a de imputar à máquina a respectiva parte da perda por imparidade total da UGC da seguinte forma:

Peso relativo da máquina nos activos afectos a cada linha:

50 000/500 000 = 10%
50 000/700 000 = 7,14%

Como apenas a linha 1 está com imparidade, a questão será agora distribuir a perda de 100 000 não só pelos activos especificamente afectos a essa linha como também à máquina de controlo de qualidade que faz parte de ambas as UGC.

Assim: 100 000 * 10% = 10 000. Seria este o montante da perda total a imputar à máquina que vimos usando como exemplo. É certo que o cálculo da imputação que apresentamos peca por alguma simplificação. Com efeito, uma solução mais defensável seria que, no denominador, não se incluísse apenas o valor dos outros activos da UGC 1, mas também a parte do valor escriturado da máquina afecta a essa UGC. Ou seja, teria que se incluir nesse denominador a parcela dos 50 000 euro que seriam afectos à linha de fabrico das bicicletas tipo 1. Supondo que a empresa tem meios de avaliar essa proporção e se ela fosse de 30 000, então o apuramento seria agora:

30 000/530 000 = 5,67%. A parte da perda a imputar seria de 5 670 euro.

Esta segunda forma é mais correcta, mas só será possível se a empresa tiver meios para calcular a afectação do valor escriturado da máquina a cada UGC. Poderá fazê-lo, por exemplo, por via de uma afectação em função das unidades físicas que a máquina controla provindas de cada linha; ou do número de horas de funcionamento que a máquina efectua para cada linha. Como se vê, não serão muitas empresas que terão sistemas de informação internos que permitam tal afinamento de cálculos.

Num segundo exemplo, admita-se que uma empresa tem duas UGC – designadas por A e B. O valor escriturado dos activos tangíveis de cada UGC (que não tem intangíveis afectos) é de, respectivamente, 10 milhões de euro e 20 milhões de euro. A entidade tem um edifício administrativo – registado por 6 milhões – que não está incluído nos valores escriturados para A e B, e pode ser afecto a cada UGC na base dos valores contabilísticos de cada uma delas. Sabe-se que a quantia recuperável das UGC, assente na estimativa do valor de uso, é:

A: 11 M
B: 27 M

Assim, os elementos para apurar eventuais perdas por imparidade nas UGC são:

QUADRO 3: Exemplo de estimativa de perda por imparidade em UGC

	UGC A	UGC B	Total
Valor escriturado (M euro)	10	20	30
Edifício	2 (10/30)	4 (20 /30)	6
Total	12	24	36
Quantia recuperável	11	27	
Perda por imparidade	1	–	

Para finalizar, vejamos como tratar a questão caso o *goodwill* seja um componente de uma UGC. Para o efeito, admita-se que uma entidade ALFA, ao adquirir uma outra entidade BETA, reconhece *goodwill*. Ao imputar esse *goodwill*, fê-lo a três UGC.

Admita-se que, numa delas, e para um dado ano N, os valores escriturados são:

Goodwill : 2 M
Equipamento: 10 M
Edifícios: 4 M   TOTAL: 16 M

Suponha-se que a quantia recuperável se estimou em 12 milhões.

Assim, e como estabelece o § 52 da NCRF 12, primeiro deve tal perda ser imputada ao *goodwill*, e o remanescente aos outros activos numa base *pro rata*.

Ora, no exemplo acima, o valor escriturado depois do reconhecimento da perda seria:

*Goodwil*l: 2-2 = 0

Restam por imputar 2 M de perdas por imparidade. Ora então, para o equipamento seria: 1,43 M (10/14*2), e para os edifícios 0,57 M (4/14*2).

Se a estimativa das perdas por imparidade envolve, como se viu, um elevado grau de complexidade, subjectividade e incerteza, já o seu reconhecimento contabilístico parece ser mais simples. A NCRF 12 trata do tema de forma que não deixa dúvidas de maior.

9.5. Forma de contabilização das perdas por imparidade e das reversões

Segundo a NCRF 12, no seu § 29 – "*Uma perda por imparidade deve ser imediatamente reconhecida nos resultados, a não ser que o activo seja escriturado pela quantia revalorizada de uma outra Norma (por exemplo, de acordo com o modelo de revalorização da NCRF 7 – Activos Fixos Tangíveis). Qualquer perda por imparidade de um activo revalorizado deve ser tratada como decréscimo de revalorização de acordo com essa outra Norma.*"

Assim, após o apuramento de uma perda por imparidade em activos fixos tangíveis, o respectivo reconhecimento passará por um débito na conta 65.5 – "Perdas por imparidade em activos fixos tangíveis" e por um crédito na conta 43.9 "Perdas por imparidade acumuladas em activos fixos tangíveis".

Como estabelece a NCRF 12, a dita perda, ao ser escriturada numa conta de gastos afecta os resultados reportados no período.

Deve aqui notar-se, e ao contrário das desvalorizações excepcionais que, no POC, influenciavam resultados extraordinários, no SNC a perda por imparidade de um AFT influencia o resultado operacional.

Quanto ás reversões, dispõem os seguintes §§ da NCRF 12:

58 – Uma perda por imparidade de um activo, que não o goodwill, reconhecida em períodos anteriores deve ser revertida se, e apenas se, houve uma alteração nas estimativas usadas para determinar a quantia recuperável do activo desde que a última perda por imparidade foi reconhecida. Se for este o caso, a quantia escriturada do activo deve, excepto como descrito no parágrafo 59, ser aumentada até à sua quantia recuperável. Este aumento é uma reversão de uma perda por imparidade.

59 – Um aumento da quantia escriturada de um activo, que não o goodwill, atribuível a uma reversão de uma perda por imparidade não deve exceder a quantia escriturada que teria sido determinada (líquida de amortização ou depreciação) se nenhuma perda por imparidade tivesse sido reconhecida no activo em anos anteriores.

60 – Uma reversão de uma perda por imparidade de um activo, que não o goodwill, deve ser reconhecida imediatamente nos resultados, a não ser que o activo esteja escriturado pela quantia revalorizada segundo uma outra Norma (por exemplo, o modelo de revalorização da NCRF 7 – Activos Fixos Tangíveis). Qualquer reversão de uma perda por imparidade de um activo revalorizado deve ser tratada como um acréscimo de revalorização de acordo com essa outra Norma.

61 – Após ser reconhecida uma reversão de uma perda por imparidade, o débito da depreciação (amortização) do activo deve ser ajustado em períodos futuros para imputar a quantia escriturada revista do activo, menos o seu valor residual (se o houver), numa base sistemática durante a sua vida útil remanescente.

Daqui se conclui que:

i) A reversão de perdas por imparidade em AFT só deve ocorrer caso existam alterações justificadas nas estimativas usadas para calcular a quantia recuperável desde o apuramento da perda previamente reconhecida. Assim, existindo nas demonstrações financeiras reversões de perdas por imparidade, caberá aos utentes das demonstrações uma análise cuidada às divulgações exigidas relativamente aos motivos que justificam a reversão. Um exemplo possível de reversão acontecerá no seguinte caso. No ano N a empresa ALFA Lda., que explora um restaurante, adquiriu, por 200 000 euro, equipamento para confeccionar dois tipos de comida: um para servir nas suas instalações (*fast food*), outro para entregas por encomenda (comida tradicional).

Em N + 3, a quantia escriturada (preço de aquisição menos depreciações) era de 150 000 euro. Nesse ano, uma inspecção efectuada por um organismo sanitário oficial determinou a impossibilidade de uso desse equipamento para confecção de comida por encomenda prévia, a menos que a entidade cumprisse uma série de requisitos.

Nesse ano, e pretendendo a empresa continuar a utilizar o bem, o valor de uso foi estimado em 80 000 euro, e reconheceu-se uma perda por imparidade de 70 000. Todavia, em N+4, a empresa cumpriu as imposições do dito organismo fiscalizador e a proibição de servir o produto foi levantada, passando a empresa a poder fornecer os dois tipos de comida que originalmente vendia. Assim, o valor de uso foi restaurado e a perda por imparidade revertida.

ii) No caso vertente, e segundo o § 59, a reversão de perdas não pode originar um novo valor escriturado que exceda a quantia reconhecida que existiria em N+4 caso a anterior perda não tivesse sido registada. Ou seja, impede-se que a reversão sirva para forçar um aumento de valor líquido do bem por comparação ao que existiria na ausência da perda inicial.

iii) Regra geral, para activos fixos tangíveis valorizados ao custo menos depreciações e perdas por imparidade acumuladas, a reversão será considerada em resultados. Assim, será debitada a conta 43.9 e creditada a conta 76.25" Reversões de perdas por imparidade em activos fixos tangíveis". Caso a empresa use o método do custo revalorizado, então a reversão deve ser tratada com um acréscimo de revalorização, afectando uma conta da situação líquida. (Adiante, no ponto 19, tratarei deste tema).

iv) Como dispõe o § 61, ao reverter-se a perda, evidenciando-se o correspondente aumento do valor líquido do bem, haverá que repercutir tal alteração na depreciação anual durante a vida útil remanescente.

Ainda a propósito do impacto contabilístico das perdas e respectivas reversões, assinale-se que, face à demonstração dos resultados que vigorava no âmbito do POC, o novo mapa aprovado no âmbito do SNC evidencia uma diferença digna de realce: quer no plano dos rendimentos, quer no plano dos gastos, as contas nas quais se reconhecem quantias que representam estimativas sofreram um significativo incremento.

Assim, nas classes 6 e 7, as seguintes contas todas assentam em estimativas[52]:

- 64 – Gastos de depreciação e amortização
- 65 – Perdas por imparidade
- 66 – Perdas por reduções de justo valor
- 67 – Provisões do período
- 76 – Reversões (de amortizações e depreciações, de perdas por imparidade, e de provisões)
- 77 – Ganhos por aumentos de justo valor

A juntar a estas, há ainda a referir, por exemplo, que na conta 69 – Gastos de financiamento, e usando-se o método do custo efectivo na valorização de um elemento patrimonial, a variação anual da quantia escriturada depende de uma taxa de actualização financeira que é, também ela, uma estimativa. Isto é, na conta que regista gastos financeiros, não estão apenas juros incorridos ou pagos a uma determinada taxa, mas também estimativas de gastos financeiros que dependem de previsões sobre taxas de desconto.

Esta característica reforça a ideia – muitas vezes expressa[53] – segundo a qual os resultados reportados pela contabilidade estão influenciados por previsões, estimativas, projecções ou juízos de valor que os tornam, na melhor das hipóteses, somente uma aproximação ao real desempenho económico das organizações. Na pior, poderão ser grosseiramente manipulados para influenciar indevidamente o comportamento de partes inte-

---

[52] Em face deste incremento de registo de rendimentos e gastos baseados em estimativas, o velho aforismo segundo o qual "lucros são opiniões, dinheiro em caixa é um facto" poderá ser ainda mais apropriado para descrever as possíveis consequências desta tendência. Também se deve realçar que os custos de cumprimentos da elaboração da informação financeira e das declarações fiscais serão tendencialmente maiores.

[53] Veja-se, entre outros, Schilit (1993), Mulford e Comiskey (2002).

ressadas que se relacionam com a entidade que reporta informação financeira (banca, Estado, fornecedores, trabalhadores, etc.).

Como se destacou nas secções anteriores, as razões que conduzem à existência de prováveis perdas por imparidade, o seu modo de cálculo, a sua contabilização, e respectivo impacto em resultados são questões que, no âmbito do SNC, podem revestir-se de uma importância determinante.

A subjectividade que sempre estará presente na agregação de activos em unidades geradores de caixa, na estimativa dos fluxos futuros a gerar por esses activos, na previsão das taxas de desconto, em especial do prémio de risco a usar, tudo isto deve, a meu ver, ser acompanhado por uma redobrada atenção dos utentes das demonstrações financeiras à chamada informação qualitativa (Anexo).

9.6. O cálculo das perdas por imparidade e as divulgações de informação que permita avaliar a sua consistência

A este propósito, a NCRF 12 exige as seguintes divulgações no tocante à fundamentação das perdas por imparidade:

65 – Uma entidade deve divulgar o seguinte para cada classe de activos:

(a) A quantia de perdas por imparidade reconhecidas nos resultados durante o período e as linhas de itens da demonstração dos resultados em que essas perdas por imparidade são incluídas;

(b) A quantia de reversões de perdas por imparidade reconhecida nos resultados durante o período e as linhas de itens da demonstração dos resultados em que essas perdas por imparidade são revertidas;

(c) A quantia de perdas por imparidade em activos revalorizados reconhecidas directamente no capital próprio durante o período;

(d) A quantia de reversões de perdas por imparidade em activos revalorizados reconhecidas directamente no capital próprio durante o período.

66 – Uma entidade deve divulgar o seguinte para cada perda material por imparidade reconhecida ou revertida durante o período para um activo individual, incluindo goodwill, ou para uma unidade geradora de caixa:

(a) Os acontecimentos e circunstâncias que conduziram ao reconhecimento ou reversão de perda por imparidade;
(b) A quantia de perda por imparidade reconhecida ou revertida;
(c) A natureza do activo;
(d) Se a agregação de activos relativa à identificação da unidade geradora de caixa se alterou desde a estimativa anterior da quantia recuperável (se a houver) da unidade geradora de caixa, uma descrição da maneira corrente e anterior de agregar activos e as razões de alterar a maneira como é identificada a unidade geradora de caixa;
(e) Se a quantia recuperável do activo (unidade geradora de caixa) é o seu justo valor menos os custos de vender ou o seu valor de uso;
(f) Se a quantia recuperável for o justo valor menos os custos de vender, a base usada para determinar o justo valor menos os custos de vender (tal como, se o justo valor foi determinado por referência a um mercado activo);
(g) Se a quantia recuperável for o valor de uso, a(s) taxa(s) de desconto usada(s) na estimativa corrente e anterior (se houver) do valor de uso.

67 – Uma entidade deve divulgar a seguinte informação para as perdas por imparidade agregadas e as reversões agregadas de perdas por imparidade reconhecidas durante o período para o qual nenhuma informação é divulgada de acordo com o parágrafo 66:
(a) As principais classes de activos afectadas por perdas por imparidade e as principais classes de activos afectadas por reversões de perdas por imparidade;
(b) Os principais acontecimentos e circunstâncias que levaram ao reconhecimento destas perdas por imparidade e reversões de perdas por imparidade.

Como se vê, as divulgações exigidas são de natureza bem ampla. Com efeito, o § 65 impõe a identificação das perdas e reversões, bem como a indicação de quais afectaram resultados (para activos tangíveis valorizados pelo modelo do custo) ou capital próprio (para activos mensurados pelo modelo do custo revalorizado).

Mas é no § 66 da NCRF 12 que se encontram as informações mais específicas e esclarecedoras a divulgar aos utentes das demonstrações financeiras relativamente aos pressupostos subjacentes ao reconhecimento de perdas por imparidade em AFT. Na verdade, exige-se, na alínea a), a descrição dos acontecimentos e circunstâncias que levaram a estas perdas. Na alínea d) os critérios de agregação de activos em UGC. Nas alíneas seguintes, os pressupostos de cálculo do justo valor menos custos de vender, ou do valor de uso, consoante o que tenha servido de base à quantia recuperável. Estas exigências de divulgação são, de facto, bastante detalhadas. No entanto, como adiante se verá aquando da análise das divulgações que, a tal respeito, algumas empresas facultam aos utentes das demonstrações financeiras, a realidade parece ficar algo aquém das normas. Em muitos casos, a informação divulgada referente a tais perdas deixa muito a desejar para que um utente possa efectuar um juízo informado acerca da pertinência e razoabilidade das razões, pressupostos e métodos usados no respectivo cálculo.

9.7. Activos tangíveis e imparidade no plano contabilístico: estudo de três casos

A fim de ilustrar melhor algumas questões decorrentes do apuramento de perdas por imparidade, analisar-se-ão, seguidamente, três casos, puramente hipotéticos, onde se verificam estes gastos.

Caso 1

A empresa SAUDEX Lda., que se dedica à prestação de vários serviços de saúde, adquiriu um conjunto de equipamentos para a realização de diálise. Foram, neste âmbito, adquiridos em 2010 os seguintes equipamentos:

- *Máquina para efectuar diálise: 1 200 000 euro*
- *Equipamento auxiliar de suporte à máquina de diálise: 30 000 euro*
- *Equipamento administrativo diverso, com ligação operacional directa ao equipamento de diálise, e necessário para que o serviço seja prestado aos utentes: 6 000 euro.*

Para além disso, ocorreram despesas com registos legais e honorários de consultores envolvidos na aquisição no valor total de 20 000 euro. Os gastos envolvidos na abertura, resultantes de publicidade na imprensa ao novo serviço, foram de 40 000 euro.

Em 2010, a quantia escriturada dos activos directamente relacionados com o serviço de diálise – e também dos que com ele tinham ligação operacional – era assim de 1 256 000 euro. A empresa no âmbito da qual o serviço é desenvolvido considera que o serviço de diálise cumpre os requisitos da NCRF 12 para poder ser considerado uma unidade geradora de caixa.

O estudo económico que serviu de suporte ao investimento na aquisição do dito serviço de diálise continha as seguintes estimativas para os fluxos de caixa esperados (euro):

2011: 70 000
2012: 80 000
2013: 90 000, a crescer a partir daí, em continuidade, a uma taxa de 3%

Ora, em finais de 2012, realizou-se um teste de imparidade, em face de clara deterioração de expectativas de rendibilidade futura relacionadas com a alteração de contexto legal, resultante da baixa acentuada da comparticipação pública no serviço prestado pela SAUDEX aos utentes e da provável redução da procura.

Não existe mercado regular destes equipamentos no estado de uso, mas prevê-se que o fluxo de caixa a libertar pelo serviço de diálise em 2013 seja de 55 000 euro, a crescer a uma taxa de 1,5% em continuidade.

Por outro lado, o valor escriturado dos activos fixos tangíveis afectos ao serviço de diálise era de 1 000 000 euro em finais de 2012.

Supondo que a entidade usa o método do custo, qual a perda por imparidade a reconhecer, admitindo que a taxa de desconto era de 8,5%?

Resolução:

Quantia escriturada em 2012: 1 000 000 euro

Quantia recuperável:

a) justo valor menos custos de vender: admite-se que não está disponível.

b) valor de uso: pode ser calculado através do método dos fluxos de caixa descontados para a UGC constituída pelos activos afectos ao serviço de diálise.

Assim, teremos:

$$V_n = \frac{CF_{n+1}}{k-g}, \text{ onde}$$

V_n: valor de uso em 2012
CF_{n+1}: *cash flow* estimado para 2013 (55 000 euro)
k: taxa de desconto (8,5%)
g: taxa de crescimento em continuidade (1,5%)

$$V = \frac{55000}{0,085 + 0,015} = 785\,714 \text{ euro}$$

A UGC apresenta assim imparidade, pois a quantia recuperável é menor do que o montante escriturado. A perda por imparidade é estimada em 214 286 euro.

Esta perda, uma vez que a entidade usa o modelo do custo menos depreciações e perdas por imparidade acumuladas na mensuração destes activos, será reconhecida na conta 65.5 (a débito) e na conta 43.9 (a crédito).

O que poderia fazer reverter esta perda? Caso, num ano posterior, a causa da redução da procura (a comparticipação pública no custo para o utente do serviço) seja modificada e a procura revele uma recuperação, poderia ter lugar uma reversão.

De notar que, se a taxa de desconto usada fosse de 7% – e não será fácil fundamentar de forma inquestionável o uso de 8,5% ou de 7% – então a quantia recuperável seria de 1 000 000. E já não haveria perda por imparidade. Como se vê, o impacto de pequenas variações da taxa de desconto pode ser determinante.

Caso 2

A empresa MOTOREX SA fabrica motos e tem sede em Setúbal. Em 2010 adquiriu uma máquina de controlo computorizado por 1,2 milhões de euro com a finalidade de dobrar e soldar chapa metálica para diversas componentes das motos.

A fim de rendibilizar o uso da máquina, que é operada por 2 técnicos especializados e alimenta uma linha de montagem onde trabalham 12 pessoas, a máquina labora em 2 turnos, de 8 horas cada.

Suponha-se que em 2011 foi publicada legislação sobre segurança no trabalho que requer que certos equipamentos sejam adaptados a essas normas. A hipotética norma legal estabelece que: "era aplicável a todos os equipamentos fabris dos sectores de produção de bens a partir de chapa de aço".

De notar que a empresa usa matéria prima de chapa de aço, de cobre e de alumínio, sendo o alumínio predominante, pois representa 65% do custo das matérias incorporadas na produção de motos. O aço representa 12%.

Tal norma implicou uma intervenção na máquina, que ascendeu a 150 000 euro, e implicou ainda que, em cada turno, a quantidade de peças produzidas se reduzisse em 30% para garantir melhor segurança no trabalho em função da recente alteração da legislação laboral.

Perante tal facto, e a interpretação da lei que o advogado da empresa efectuou, a administração da empresa estimou que a quantia escriturada da máquina deveria sofrer uma perda por imparidade de 300 000 euro. Que aspectos contabilísticos são de salientar?

Ao contrário do caso 1, a discussão a efectuar não se prende aqui tanto com o cálculo da perda, mas com as circunstâncias que conduziram ao seu reconhecimento.

Assim, em primeiro lugar, haverá que atender à interpretação efectuada pelo advogado, no sentido de considerar que, apesar de a chapa de aço representar apenas 12% do consumo de matérias, a empresa estava sujeita ao cumprimento da nova norma de segurança.

Depois, que o apuramento do impacto dessa norma na quantia recuperável deve ser feita pelo método do valor de uso. No caso bem provável de a máquina não constituir uma UGC, a perda por imparidade a imputar à máquina só poderia ser apurada depois de calcular a perda para a UGC onde a máquina se insere e imputando-lhe, de seguida, uma certa proporção da imparidade estimada.

Caso 3

A empresa CONFORTEX Lda. fabrica e vende calçado. No exercício N adquiriu uma linha para a produção de um tipo de sapato ortopédico. A quantia dispendida para adquirir a nova linha de produção foi de 1 400 000 euro. Em N+3, a quantia líquida escriturada – a empresa usa o método do custo menos depreciações e perdas por imparidade na valorização destes activos – era de 900 000 euro.

A empresa exporta todo este calçado para o mercado indiano.

Em finais de N+3, o governo indiano impôs uma tarifa de 35% sobre a importação deste tipo de calçado (anteriormente a tarifa era de 5%). Como resultado desta imposição, a gerência concluiu que o preço de venda dos seus produtos no mercado indiano perderia competitividade. Projecta, em consequência, uma redução de vendas de 40% daí em diante, face aos montantes orçamentados para os próximos 5 anos.

Da análise feita pela gestão resulta que:

– a linha de produção poderia ser vendida por 785 000 euro, e os gastos com a venda ascenderiam a 35 000 euro.

– o valor de uso, apurado pelo método dos cash flows descontados, é de 720 000 euro.

Existe imparidade na linha de produção?

Resolução:

A quantia recuperável, sendo o maior dos dois valores (justo valor menos custos de vender e valor de uso) será o maior de entre 720 000 e 750 000. Assim, existe uma perda por imparidade que se estima em (900 000 –750 000) = 150 000 euro.

9.8. A divulgação sobre testes de imparidade em activos tangíveis nas demonstrações financeiras: alguns exemplos

Com o propósito de mostrar como algumas entidades que preparam demonstrações financeiras divulgam a informação adicional requerida pelas normas internacionais de relato financeiro, apresentam-se, de seguida, exemplos dessa divulgação relativos a perdas por imparidade.

Trata-se de excertos do Anexo às demonstrações nas quais se evidenciam aspectos relacionados com perdas por imparidade em activos fixos tangíveis.

Nos casos de maior relevo e desenvolvimento far-se-á um pequeno comentário à informação divulgada.

Procura-se confrontar essas informações com as exigências normativas, a fim de verificar o grau de cumprimento nesta importante questão das perdas por imparidade. Tratando-se, como já bem se vincou, de estimativas, devem as entidades facultar aos utentes das demonstrações elementos que permitam analisar os pressupostos em que aquelas perdas assentam.

Nippon Telegraph and Telephone Corporation (NTT) 2006

"Accounting for the impairment of long lived assets-

Long lived assets, including property, plant and equipment, software and other intangible assets with finite useful lives are reviewed for impairment whenever events or changes in circumstances indicate that the carrying amount may not be recoverable... If the total expected future undiscounted cash flows is less than the carrying amount of the asset, a loss is recognized for the difference between the fair value and the value of the asset."

Do mesmo relatório Nota 7, p. 67:

"As a result of its revised business Outlook, NTT Group evaluated the recoverability of its long lived assets related to PHS business (...) To estimate the fair value of the long-lived assets related to PHS business, NTT Group used future discounted cash flows expected to be generated by the long-lived assets because of the absence of an observable market price. Because NTT Group estimated that the future cash flows from PHS business would be negative, (it) wrote-down the entire carrying value of the long-lived assets (...) and recognized a non-cash impairment loss of the long lived assets included in the mobile communication business segment of yen 44. 310 million."

Como se vê, dada a especificidade dos activos sujeitos a testes de imparidade, não se dispunha de preços de mercado. Assim, o valor de uso foi o referencial utilizado para quantificar a quantia recuperável.

Todavia, a informação é parca. Não se evidenciam, entre outros aspectos, as razões (tecnológicas, de mercado, ou legais) que suportam o reconhecimento das perdas.

De igual modo, também a informação que sustenta as estimativas de *cash flows* é muito sucinta ou mesmo inexistente. Aspectos como taxas de crescimento de rendimentos ou margens consideradas não são abordados. Note-se, também, que a taxa de desconto (e o prémio de risco usado) não é explicitada, o que subtrai ao conhecimento do utente pressupostos relevantes no apuramento do valor de uso. E, nas estimativas, a importância destes pressupostos é absolutamente crucial.

Dada a subjectividade inerente às estimativas de *cash flows* e taxas de desconto, devem os documentos de prestação de contas facultar aos investidores o maior número possível de elementos para apreciação da razoabilidade dos pressupostos em que assenta o apuramento de eventuais perdas por imparidade. O exemplo que acima se transcreveu não cumpre adequadamente essa função.

Bayer, 2002

Property, plant and equipment

Property, plant and equipment is carried at the cost of acquisition or construction. Assets subject to depletion are depreciated over their estimated useful lives. Write downs are made for any declines in value that go beyond the depletion reflected in depreciation. (...) Such writ-downs are measured by comparing the carrying amounts to the discounted cash flows expected to be generated by the respective asset. Where it is not possible to estimate the impairment loss for an individual asset, the loss is assessed on the basis of the discounted cash flow for the cash generating unit to which the asset belongs. Assets are written back if the reasons for previous years´ write – downs no longer apply."

IBM, 2000

Change in estimates

As a result of a change in the estimated useful life of personal computers from five to three years, the company recognized a charge in the second quarter of 1999 of $ 404 million (241 million after tax, 0. 13 per diluted common share). In the second quarter of 1999 the company wrote off the net book value of personal computers that were three years old or older and, therefore, had no remaining useful life. The remaining book value of the assets will be depreciated over the remaining new useful life. The effect on future operations is expected to be minimal as the increased depreciation due to shorter life will be offset by the lower depreciable base attributable to the write-off of personal computers older than three years.

BMW, 2003

Accounting principles

The recoverability of the carrying amount of intangible assets (including capitalized development costs and goodwill) and property, plant and equipment is tested regularly for impairment in accordance with IAS 36 (Impairment of assets) on the basis of cash generating units. An impairment loss is recognized when the recoverable amount (defined as the higher of the asset's net selling price and its value in use) is lower than the carrying amount. If the reason for a previously recognized impairment loss no longer exists, the impairment loss is reversed up to the level of its rolled –forward depreciated or amortized cost.

A próxima nota, referente ao relatório da Bayer de 2003, divulga perdas por imparidade em activos tangíveis e *goodwill*. É uma das mais detalhadas que encontrámos numa breve análise de alguns relatórios de empresas cotadas em mercados internacionais. Vale pois a pena dar-lhe uma atenção particular. No final da nota apresenta-se um comentário mais desenvolvido sobre o seu conteúdo.

Bayer, 2003

Recognition and valuation principles

Procedure used in global impairment testing and its impact

In the fourth quarter of 2003, the Bayer Group considered it necessary to conduct an impairment test on its global assets in accordance with IAS 36. In the industrial business areas in particular, this was triggered partly by the strategic realignment of the Bayer Grup, including the plans to certain of the polymers and chemicals activities into an independent entity, and partly by the deterioration in business conditions in some areas of operation. These conditions mainly consist of an expected accumulation of adverse external factors such as sustained unfavorable price trends, especially higher raw materials prices that cannot be passed on fully to customers, lower volume growth as a result of tougher competition caused partly by global overcapacities, lower economic growth forecasts and continued unfavorable currency trends.

Assets were tested for impairment by comparing the residual carrying amount of each cash generating unit (CGU) to the recoverable amount, which is the higher of the net selling price or value in use.

In line with the definition of cash generating units, those of the Bayer Group were identified as being the strategic business entities, since there are the next financial reporting level below the segments.

In fiscal 2003, impairment tests were performed for the Polyurethanes, Coatings, Fibers; Plastics, Rubber; Chemicals; and Pharmaceuticals, Biological Products segments and their strategic business entities, which are as follows:

Polyurethanes, Coatings, Fibers	Plastics, Rubber	Chemicals	Pharmaceuticals, Biological Products
Polyether	Styrenics	Textile Processing Chemicals	Plasma
Fibers	Rubber Chemicals	Paper	
Polyester, TPU, Films	BR/Butyl	Fine Chemicals	
	Technical Rubber products	Inorganic Pigments	

Where the carrying amount of a cash generating unit exceeded the recoverable amount, an impairment loss was recognized for the difference. First, the goodwill of the relevant strategic business entity was written down. Any remaining impairment loss was allocated among the other assets of the strategic business entity, based on the net carrying amounts of each asset on December 31, 2003.

The value in use was determined from the present value of future cash flows, based on continuing use of the asset by the strategic business entity and its retirement at the end of its useful life. The cash flow forecasts were derived from the current long-term planning for the Bayer Group.
This discount rate was determined from in-house analyses of the weighted average cost of capital (WACC) The model used for this is based on the option pricing theory and takes account of country, credit and interest rate risks arising form the volatility of business operations and the capital structure of the respective subgroup.

A capital structure for each subgroup was determined for each subgroup by first calculating its theoretical stockholder's equity on the basis of market capitalization of Bayer AG, taking into account sector-specific financing structures. For the global strategic business entities subjected to impairment testing, the WACC used to discount the estimated cash flow varied between 6 and 10%, depending on the specific risk intrinsic to the respective asset.

The following capital cost bands were applied to the segments tested for impairment:

Polyurethanes, Coatings, Fibers	Plastics, Rubber	Chemicals	Pharmaceuticals, Biological Products
6% to 8%	6% to 9%	7% to 8%	9%

The following impairment losses were recognized on the noncurrent assets of the Bayer Group and its reporting segments:

	2002	2003
Goodwill	5	167
Intangible assets, (excluding goodwill)	200	511
Property, plant and equipment	84	1 131
TOTAL (mil euro)	289	1809

Da nota que se transcreveu sobre a Bayer, relativa às contas de 2003, há que salientar:

- A referência às razões que levaram à realização de testes de imparidade. Na primeira parte da nota apresentam-se como motivos os seguintes: tendência desfavorável do preço das matérias primas que, não podendo ser repercutida nos clientes, reduziu margens, e menor taxa de crescimento do negócio devido ao aumento da concorrência e à evolução desfavorável da taxa de câmbio.
- A explicitação das UGC a que os testes foram aplicados. Os segmentos de negócio (4) e as unidades estratégicas (12) são identificadas. As UGC são coincidentes com as unidades estratégicas.
- O valor de uso foi calculado pelo método dos *cash flows* descontados, e as projecções dos fluxos de caixa foram extraídas dos planos de negócio de longo prazo do grupo Bayer.
- Evidencia-se como se determinou a taxa de desconto (custo do capital) a usar e que valores foram aplicados em cada UGC.
- Por fim, expressam-se os montantes de perdas por imparidade em activos fixos tangíveis e *goodwill* que, como se vê, ascendem a 289 milhões de euro em 2002 e a 1 809 milhões de euro em 2003. Trata-se de montantes significativos e certamente com forte impacto nos resultados reportados.

Finda esta digressão por alguns importantes aspectos contabilísticos do tratamento das perdas por imparidade em activos fixos tangíveis, salienta-se, de novo, a sua natureza de estimativas e a panóplia de pressupostos que estão subjacentes ao seu cálculo.

Ora, como também já se referiu antes, tal natureza não predispôs o legislador para, na adaptação do CIRC ao SNC, aceitar de ânimo leve tais perdas como gasto fiscal.
Dessa questão se tratará no ponto seguinte.

10.
O tratamento fiscal das perdas por imparidade em activos fixos tangíveis no IRC

10.1. Questões gerais

Como vimos no ponto 6, o tratamento que o CIRC consagrava às desvalorizações excepcionais previstas no POC para imobilizados corpóreos fazia depender a respectiva aceitação como custos dedutíveis da prévia autorização da DCGI.

Seria bastante elucidativo que se dispusesse de dados relativos aos pedidos formulados pelos contribuintes no que respeita a perdas desta natureza até 2009. Porém, não dispomos de tais elementos.

De todo o modo, e dada a orientação que até 2009 o legislador fiscal perfilhou, o que seria de antever relativamente ao tratamento fiscal das perdas por imparidade?

Uma vez que tais perdas diminuem o resultado apurado pela contabilidade, caso a sua aceitação fosse, no plano fiscal, automática, daí poderiam advir diminuições significativas no lucro tributável. Assim, e dada a orientação que vigorava para as desvalorizações excepcionais, era de esperar uma atitude defensiva por parte do legislador fiscal.

Com efeito, os argumentos que antes se expenderam relativamente ao tratamento das desvalorizações valem também para as perdas por imparidade. Elas hão-de resultar, as mais das vezes, de juízos de valor. Estes serão mais ou menos apoiados em factores externos ou internos às entidades que utilizam os activos nos quais se reconhecem estas perdas. Mesmo no caso de situações em que uma alteração é imposta exteriormente – v.g, uma restrição legal de uso de um equipamento – a estimativa do montante da perda por imparidade obrigará a uma quantificação que dificilmente se pode caracterizar de objectiva e facilmente comprovável pela inspecção tributária.

Em suma, seria de esperar que o regime de aceitação destas perdas rodeasse de cautelas o seu efectivo impacto no lucro tributável.

A solução consagrada no novo CIRC é a que se transcreve de seguida e que consta dos artigos 35.º e 38.º (subl. meu).

SUBSECÇÃO IV
Imparidades e provisões

Artigo 35..º
Perdas por imparidade fiscalmente dedutíveis

1 – Podem ser deduzidas para efeitos fiscais as seguintes perdas por imparidade contabilizadas no mesmo período de tributação ou em períodos de tributação anteriores:

a) As relacionadas com créditos resultantes da actividade normal que, no fim do período de tributação, possam ser considerados de cobrança duvidosa e sejam evidenciados como tal na contabilidade;

b) As relativas a recibos por cobrar reconhecidas pelas empresas de seguros;

c) <u>As que consistam em desvalorizações excepcionais verificadas em activos fixos tangíveis, activos intangíveis, activos biológicos não consumíveis e propriedades de investimento.</u>

2 – Podem também ser deduzidas para efeitos fiscais as perdas por imparidade e outras correcções de valor contabilizadas no mesmo período de tributação ou em períodos de tributação anteriores, quando constituídas obrigatoriamente, por força de normas emanadas pelo Banco de Portugal, de carácter genérico e abstracto, pelas entidades sujeitas à sua supervisão e pelas sucursais em Portugal de instituições de crédito e outras instituições financeiras com sede em outro Estado membro da União Europeia, destinadas à cobertura de risco específico de crédito e de risco-país e para menos-valias de títulos e de outras aplicação.

3– As perdas por imparidade e outras correcções de valor referidas nos números anteriores que não devam subsistir, por deixarem de se verificar as condições objectivas que as determinaram, consideram-se componentes positivas do lucro tributável do respectivo período de tributação.

4 – <u>As perdas por imparidade de activos depreciáveis ou amortizáveis que não sejam aceites fiscalmente como desvalorizações excepcionais são consideradas como gastos, em partes iguais, durante o período de vida útil restante desse activo ou, sem prejuízo do disposto nos artigos 38..º e 46..º, até ao período de tributação anterior àquele em que se verificar o abate físico, o desmantelamento, o abandono, a inutilização ou a transmissão do mesmo.</u>

Artigo 38..º
Desvalorizações excepcionais

1 — <u>Podem ser aceites como perdas por imparidade as desvalorizações excepcionais referidas na alínea c) do n.º 1 do artigo 35..º provenientes de causas anormais devidamente comprovadas, designadamente, desastres, fenómenos naturais, inovações técnicas excepcionalmente rápidas ou alterações significativas, com efeito adverso, no contexto legal.</u>

2 – <u>Para efeitos do disposto no número anterior, o sujeito passivo deve obter a aceitação da Direcção-Geral dos Impostos, mediante exposição devidamente fundamentada, a apresentar até ao fim do primeiro mês do período de tributação seguinte ao da ocorrência dos factos que determinaram as desvalorizações excepcionais, acompanhada de documentação comprovativa dos mesmos, designadamente da decisão do competente órgão de gestão que confirme aqueles factos, de justificação do respectivo montante, bem como da indicação do destino a dar aos activos, quando o abate físico, o desmantelamento, o abandono ou a inutilização destes não ocorram no mesmo período de tributação.</u>

3 – Quando os factos que determinaram as desvalorizações excepcionais dos activos e o abate físico, o desmantelamento, o abandono ou a inutilização ocorram no mesmo período de tributação, o valor líquido fiscal dos activos, corrigido de eventuais valores recuperáveis pode ser aceite como gasto do período, desde que:

   a) Seja comprovado o abate físico, desmantelamento, abandono ou inutilização dos bens, através do respectivo auto, assinado por duas testemunhas, e identificados e comprovados os factos que originaram as desvalorizações excepcionais;

b) *O auto seja acompanhado de relação discriminativa dos elementos em causa, contendo, relativamente a cada activo, a descrição, o ano e o custo de aquisição, bem como o valor líquido contabilístico e o valor líquido fiscal;(Rectificada pela Dec.Rectificação n.º 67-A/2009 – 11/09)*
c) *Seja comunicado ao serviço de finanças da área do local onde aqueles bens se encontrem, com a antecedência mínima de 15 dias, o local, a data e a hora do abate físico, o desmantelamento, o abandono ou a inutilização e o total do valor líquido fiscal dos mesmos.*

4 – O disposto nas alíneas a) a c) do número anterior deve igualmente observar-se nas situações previstas no n.º 2, no período de tributação em que venha a efectuar-se o abate físico, o desmantelamento, o abandono ou a inutilização dos activos.(Rectificado pela Dec.Rectificação n.º 67-A/2009 – 11/09)
5 – A aceitação referida no n.º 2 é da competência do director de finanças da área da sede, direcção efectiva ou estabelecimento estável do sujeito passivo ou do director dos Serviços de Inspecção Tributária, tratando-se de empresas incluídas no âmbito das suas atribuições.
6 – A documentação a que se refere o n.º 3 deve integrar o processo de documentação fiscal, nos termos do artigo 130..º

O que há a salientar destes preceitos?

Em primeiro lugar, que no artigo 35, n.º 1, alínea c) se consagra, como princípio, a possibilidade (o artigo principia com "podem ser...") de dedução fiscal das perdas por imparidade, aqui referidas como desvalorizações excepcionais em activos fixos tangíveis.

Em segundo, que, de acordo com o disposto nos n.º 1 e 2 do artigo 38.º, se mantém a condição da aceitação prévia por parte da DGCI para que as perdas por imparidade sejam reconhecidas como gastos fiscais.

Há também a salientar que o n.º 1 do artigo 38.º especifica as razões em que se podem fundamentar perdas por imparidade cuja aceitação fiscal é possível. São elas: desastres, fenómenos naturais, inovações técnicas excepcionalmente rápidas e alterações significativas com efeito adverso no contexto legal.

Outras perdas por imparidade (por exemplo resultantes de alterações da taxa desconto) ficam assim fora do elenco das fiscalmente passíveis de aceitação ao abrigo do artigo 38.º, n.º 1.[54].

Conforme o n.º 5 deste mesmo artigo, é da competência do director de finanças da área da sede do sujeito passivo a decisão sobre a aceitação das perdas requeridas, nos termos do n.º 1 do artigo 38.º.

Observa-se, como se esperaria, uma solução legal de grande prudência por parte das autoridades fiscais no reconhecimento das perdas por imparidade. Esta posição não é de estranhar, e até se compreende, dada a complexidade destes processos e os montantes potencialmente envolvidos. Todavia, algumas questões merecem um comentário adicional.

A primeira respeita ao prazo de requerimento e decisão da DGCI. A segunda, à apreciação dos processos a que alude o n.º 2 do artigo 38.º. A terceira, às consequências fiscais de prováveis decisões da administração em períodos de tributação posteriores ao da verificação das perdas por imparidade.

Vejamos o primeiro caso. Não será por certo uma situação rara que, tendo uma entidade sujeita a IRC entregue os elementos exigidos no artigo 38.º, n.º 2, a fim de que a DGCI se pronuncie sobre a aceitação fiscal de uma perda por imparidade reconhecida contabilisticamente, a complexidade técnica do caso implique um período de análise e decisão relativamente longo.

Basta imaginar, por exemplo, que a administração fiscal seja confrontada com um pedido de reconhecimento de uma perda num grupo de equipamentos destinados à produção de energia que fazem parte do activo de um central termoeléctrica. Ou, imagine-se outro exemplo, de um activo ou grupo de activos de uma grande empresa de construção civil.

---

[54] No caso de se entender que o n.º 1 do art. 38.º não é taxativo, admitindo outras perdas – desde que provenientes de causas anormais devidamente comprovadas – poder--se-ia dizer que, no caso da alteração da taxa de desconto, a perda por imparidade não seria aceite apenas porque não se enquadra no conceito de "causa anormal devidamente comprovada". Ora, a meu ver, uma alteração da taxa de desconto motivada por uma queda brusca no *rating* de dívida portuguesa que conduzisse a um incremento significativo da remuneração das obrigações do tesouro não seria menos relevante como causa anormal do que uma "alteração adversa do contexto legal". Parece-me (mas só o legislador o saberá...) que o elenco das perdas constante do artigo 38.º não será meramente exemplificativo, e que se quis clarificar o que se deve enquadrar nas "causas anormais".

Caso estes pedidos se efectivem e a capacidade de resposta da administração seja limitada, o mais provável será que as empresas passem a secundarizar o reconhecimento das perdas por imparidade no plano contabilístico. Ou até que, embora reconhecendo-as contabilisticamente, não enviem à DGCI a respectiva documentação solicitando a sua aceitação fiscal.

Ainda neste ponto, o que será de esperar da DGCI no tocante à aceitação destas perdas? É claro que a opinião que aqui se deixa é apenas um alvitre. Mas, em face da natureza das perdas por imparidade que podem ser fiscalmente aceites, algo se poderá dizer.

Assim, das quatro razões que, eventualmente, venham a ser acolhidas pela DGCI no sentido de as aceitar como motivos bastantes da relevância fiscal da perda – razões que são, recorde-se, "desastres", "fenómenos naturais", "inovações técnicas excepcionalmente rápidas" ou "alterações significativas, com efeito adverso, no contexto legal" – julgamos que a de mais complexa apreciação será a que respeita às inovações técnicas.

Na verdade, um desastre – v.g., a perda de valor de um activo resultante de um incêndio – terá uma comprovação da sua ocorrência que, à partida, poucas dúvidas deixará. Porém, se a comprovação da ocorrência da causa não será difícil, já a sua tradução numérica numa perda do valor do activo enfermará sempre de uma certa dose de subjectividade. Porventura, só quando o bem ficar de tal modo inapto que seja abatido, é que o cálculo da perda se revelará menos duvidoso. Noutros casos, em que se reconheça apenas uma parcela da quantia escriturada do bem como desvalorização, existirão prováveis divergências entre as empresas e a administração fiscal.

O mesmo de diga dos fenómenos naturais. Se, por exemplo, um vendaval danificar severamente um grupo de maquinaria pesada de uma empresa metalomecânica, também se pode comprovar com facilidade que o dano, e a consequente desvalorização excepcional, existiu. Restará, eventualmente, a mesma questão da tradução numérica da respectiva perda.

Também uma alteração adversa do contexto legal – v.g., a obrigatoriedade, determinada por organismo competente, da retirada de um medicamento do mercado por parte de uma empresa produtora de fármacos – a verificação da causa não se afigura demasiado difícil. Mas, uma vez mais, vale a nota sobre a problemática da quantificação da perda.

É, contudo, nas alterações tecnológicas que será tendencialmente mais delicada a comprovação fiscal da causa da perda. Com efeito, as alterações tecnológicas poderão determinar que certos equipamentos em uso percam uma fatia substancial do seu valor. Mas, a meu ver, entramos aqui num campo de forte subjectividade técnica.

Admita-se, por exemplo, que uma empresa que fabrica barcos de recreio tem ao seu serviço, no ano N, quatro máquinas adquiridas em N-2. Em N, um fabricante japonês passa a oferecer máquinas cuja produtividade é superior à dos equipamentos instalados na dita empresa. Determinará este fenómeno que se registe uma perda por imparidade?

Se o sector for bastante concorrencial, por certo que haverá concorrentes que adoptarão os novos equipamentos e desviarão a procura para os seus produtos. Estes poderão ser fabricados ao mesmo preço e com igual qualidade. Mas, caso o sector seja pouco concorrencial, as máquinas existentes em N podem ainda ser usadas em condições de exploração rendível durante um certo período de tempo.

Ou, num outro exemplo, se um fabricante de moldes para plásticos apresentar à administração fiscal suporte técnico justificativo de uma perda por imparidade num equipamento de *design* assistido por computador (CAD), é provável que a administração fiscal tenha alguma dificuldade na apreciação. A menos que se socorra de especialistas na matéria que confirmem que existem motivos para a aceitação e que julguem razoável a respectiva quantificação.

Note-se que se os efeitos de um desastre, ou de uma alteração legal, podem ser imediatos ou reflectir-se a muito curto prazo, já os efeitos de uma inovação tecnológica têm um prazo de difusão que se pode prolongar. Tudo isto, e a eventual falta de recursos da administração fiscal com formação técnica qualificada para determinar se uma dada inovação tecnológica se repercutiria ou não na desvalorização excepcional de um activo, torna a aceitação destas perdas numa tarefa muito complexas a cargo da DGCI.

Quanto ao segundo ponto, e no sentido de poder responder cabalmente aos pedidos de reconhecimento destas perdas, a administração terá, eventualmente, que se dotar de recursos que lhe permitam apreciar o impacto de mudanças tecnológicas, legais, ambientais, no valor recuperável dos activos. A ser assim, isso acarretará necessariamente algumas modificações na estrutura organizativa da administração.

Caso esta seja confrontada com um elevado número de pedidos de aceitação fiscal de perdas por imparidade por alterações tecnológicas, a criação de equipas especializadas – ou do recurso a consultoria externa – poderá ser uma via para lidar com a situação.

Vejamos o terceiro aspecto.

Com efeito, os n.º 1 e 4 do artigo 35.º estabelecem regras que vale a pena discutir com algum pormenor. Vejamos.

Segundo o n.º 1 do citado artigo, uma perda por imparidade reconhecida contabilisticamente no período n, pode ser fiscalmente deduzida em períodos subsequentes ($n+1$, $n+2$,..). O n.º 4 estabelece que, no caso de recusa de aceitação fiscal, será a dita perda objecto de dedução em partes iguais durante o período de vida útil restante do activo.

Os exemplos que de seguida se apresentam procuram ilustrar o impacto tributário de algumas situações possíveis no plano da apreciação das perdas por imparidade pela administração fiscal.

Assim, admita-se que, numa primeira situação, a empresa DELTA S.A. reconhece contabilisticamente uma perda por imparidade num activo fixo tangível no ano N. Esta perda enquadra-se num dos quatro tipos previstos no artigo 38.º, n.º 1 do CIRC. Em Janeiro de N+1 apresenta o pedido de aceitação fiscal da perda, nos termos do artigo 38.º, n.º 2. A administração fiscal decide aceitar a perda e comunica-o à empresa em N+1, mas ainda a tempo de esta a considerar na declaração anual do IRC relativa ao período N.

Em tal caso, sendo a perda gasto contabilístico e fiscal em N, não haverá lugar a correcções no apuramento do lucro tributável da DELTA.

Suponha-se, agora, uma outra situação. Perante idêntico caso, a administração fiscal decide aceitar a perda, mas só o comunica à empresa em Setembro de N+1. Esta já não consegue repercutir esse gasto no apuramento do lucro fiscal de N.

Assim, em N, a perda terá de ser acrescida ao lucro tributável, pois a administração fiscal ainda não a aceitara. Ao abrigo do disposto no n.º 1 do artigo 35.º, a perda foi reconhecida em N, mas será então gasto fiscal em N+1.

Admita-se agora um caso em que a perda reconhecida contabilisticamente não faz parte das que o artigo 38.º, n.º 1, consagra como dedutíveis. Assim, ao abrigo do artigo 35.º, n.º 4, será reconhecida em partes iguais durante o período de vida útil restante do activo.

A fim de exemplificar esta situação suponha-se que uma entidade adquire um activo fixo tangível, no ano 1, por 100 000 euro. Considere-se que a taxa de depreciação reconhecida contabilisticamente (igual à taxa máxima fiscalmente dedutível) é de 20%. Por fim, que no ano 2 se reconheceu uma perda por imparidade não aceite fiscalmente como desvalorização excepcional.

QUADRO 4 – Tratamento fiscal das perdas por imparidade

Ano	Depreciação contabilística	Perda por imparidade	Registos no quadro 7 da decl. Mod 22 do IRC	Depreciação fiscal
1	20 000			20 000
2	20 000	30 000	Acresce 30 000	20 000
3	10 000		Deduz 10 000	20 000
4	10 000		Deduz 10 000	20 000
5	10 000		Deduz 10 000	20 000

Como se observa, a depreciação contabilística a partir do ano 3 é feita sobre um valor de 30 000, resultante de 100 000 – 2*20 000 – 30 000.

Todavia, a dedutibilidade fiscal da perda por imparidade é repartida pelos exercícios 3, 4 e 5. Assim, nestes anos, à depreciação contabilística de 10 000, haverá que juntar 1/3 da perda reconhecida no ano 2. Então, no quadro 7 da declaração modelo 22 do IRC haverá que deduzir 10 000, para que a depreciação fiscal iguale a soma da depreciação contabilística com o valor anual da perda por imparidade previamente reconhecida.

Resta ainda um ponto que se julga relevante.

Com efeito, a redacção do n.º 4 do artigo 35.º terá sido elaborada para enquadrar a dedutibilidade posterior de perdas por imparidade que não façam parte das previstas no artigo 38.º, n.º 1. Neste caso, como se viu no quadro 4, a entidade acaba por reconhecer fiscalmente, nos anos seguintes, o reflexo da perda. Apenas se verificará um diferimento da poupança fiscal que a dita perda ocasionará.

Porém, o que acontecerá no caso de uma empresa entender que uma perda por imparidade se pode fundar numa das causas previstas no artigo 38.º, n.º 1, mas a administração fiscal negue essa dedutibilidade com o fundamento de que o motivo não cabe na previsão do artigo 38.º?

Ou seja, existiria discordância quanto ao verdadeiro fundamento da perda. A questão não parece despicienda. Na verdade, o artigo 35.º, n .º 4, estabelece que se trata de "perdas por imparidade que não sejam fiscalmente aceites como desvalorizações excepcionais". Ora, essas perdas podem não ser aceites no âmbito da redacção do artigo 38.º, n.º 2 – e essa situação já se analisou – ou pode também acontecer que, tendo sido consideradas como tal pelas empresas, a administração fiscal lhes negue essa qualidade.

Exemplifiquemos. Suponha-se que uma empresa de edição livreira submete à administração fiscal um *dossier* relativo a uma perda por imparidade proveniente de uma alteração tecnológica em equipamento de composição gráfica. Suponha-se que a administração fiscal, após análise do caso, eventualmente com recurso a pereceres especializados, entende que não há motivo tecnológico para ser considerada "inovação técnica excepcionalmente rápida".

A administração negaria a dedução com o fundamento de que a nova tecnologia estaria disponível há vários anos e a empresa foi lenta na adaptação a um contexto técnico que já se fazia sentir gradualmente. A ser assim, também me parece que o tratamento deverá ser o que há pouco se apresentou no quadro 4. Não faria sentido admitir que uma perda por imparidade derivada de uma alteração da taxa de desconto possa ser fiscalmente dedutível durante o resto da vida útil, e que o não seja a perda da empresa livreira, que acima se referiu a título ilustrativo.

10.2. Imparidade em tangíveis e mais-valias contabilísticas e fiscais: breve nota e exemplo de apuramento

Como dispõe o artigo 46.º, n.º 2, do CIRC, as mais-valias e as menos-valias *"são dadas pela diferença entre o valor de realização, líquido dos encargos que lhe sejam inerentes, e o valor de aquisição deduzido das perdas por imparidade e outras correcções de valor previstas no artigo 35.º, bem como da depreciações ou amortizações aceites fiscalmente(...)"*.

Ora, como se vê, as perdas por imparidade, afectando, naturalmente, as mais-valias apuradas no plano contabilístico, influenciam também os ganhos ou perdas desta natureza no plano fiscal.

Bem se entende que assim seja. Se a dedutibilidade fiscal de uma perda por imparidade reduziu o valor líquido do bem a alienar, então o ganho (se existir) será maior relativamente à situação em que o bem alienado foi apenas regularmente depreciado e nunca revelou imparidade.

É também certo que a perda por imparidade a deduzir no apuramento da mais-valia a tributar deverá ser limitado ao montante fiscalmente aceite até ao momento da alienação. Assim, caso uma perda por imparidade não tenha sido aceite num dado ano e nos exercícios posteriores seja deduzida ao abrigo do artigo 35.º, n.º 4, só a parte que já foi abatida fiscalmente (por dedução no quadro 7 da declaração modelo 22 do IRC) é que afectará a mais-valia fiscal.

A fim de evidenciar o impacto das perdas por imparidade no apuramento de mais e menos-valias contabilísticas e fiscais, apresenta-se de seguida um exemplo[55].

QUADRO 5: **Perdas por imparidade não aceites e seu reflexo tributário**

Ano	Depreciação contab.	Perda por imparidade	Valor contab. líquido	Correcção quadro 7 mod. 22	Depreciação fiscalmente aceite
1	100		900		100
2	100		800		100
3	100		700		100
4	100	150	450	+ 150	100
5	75		375	- 25	100
6	75		300	- 25	100
7	75		225	- 25	100
8	75		150	- 25	100
9	75		75	- 25	100
10	75		0	- 25	100

---

[55] Na elaboração deste exemplo foi bastante útil a consulta de Reis (2010).

Uma empresa adquiriu um equipamento no valor de 1 000 euro no ano 1, iniciando nesse exercício a respectiva utilização. Admita-se que a taxa de depreciação contabilística e fiscal é de 10%, e se estima um valor residual nulo. No ano 4 reconheceu-se uma perda por imparidade de 150 euro, não aceite fiscalmente.

No ano 9 o bem foi vendido por 180 euro. Ignorando, por simplificação, a correcção monetária, qual a mais-valia fiscal?

Ora se, no ano 9, o bem foi vendido por 180, então a mais-valia contabilística (MVC) será dada por:

MVC = VR − (VA − DA − PI), onde

VA: valor de aquisição
DA: depreciação acumulada
PI: perda por imparidade

Assim: MVC = 180 − (1000 − 4*100 − 4*75 − 150) = 30

Por seu lado, a mais-valia fiscal será dada por:

MVF = (VR − (VA-DA-PI))
MVF = 180 − (1000 − 700 − 100) = − 20

Neste caso, como até ao ano 8 (exercício anterior ao da alienação) a perda por imparidade aceite é de 100 (25*4), então a mais-valia contabilística "transforma-se" numa menos-valia fiscal. Em termos contabilísticos, o valor líquido do bem à data da alienação está abatido de toda a perda por imparidade. Já no caso do apuramento fiscal, só parte dessa perda por imparidade foi deduzida. Assim, essa diferença contribui para explicar a divergência entre ganho contabilístico e perda fiscal. Note-se que esta diferença (que é de 50) é igual às perdas por imparidade que seriam aceites nos anos 9 e 10, no montante de 25 em cada ano.

10.3. Activos tangíveis e imparidade no plano fiscal: estudo de dois casos

Caso 1

A empresa PASTEX Lda., que fabrica pasta de papel, adquiriu no ano 1 uma máquina fabril por 1,5 milhões de euro. A máquina entrou em funcionamento nesse ano. Praticou-se, a partir do ano de aquisição, a taxa de depreciação de 10% (taxa fiscal). No ano 4, foi reconhecida uma perda por imparidade nessa máquina – devido a alteração do contexto legal relacionado com motivos de controlo de danos ambientais – no valor de 300 000 euro.

Situação 1:

Em Janeiro do ano 5, o correspondente processo para apreciação da perda, foi enviado à administração fiscal ao abrigo do art. 38.º, n.ºs 1 e 2, do CIRC. No ano 5, a administração fiscal rejeitou as razões da empresa e negou a dedutibilidade fiscal da perda por imparidade. A empresa vendeu a máquina no início do ano 9, por 500 000 euro. Admita-se um coeficiente de correcção monetária de 1,2. Qual a mais ou menos-valia contabilística e fiscal?

Resolução:

Ano	Depreciação contab.	Perda por imparidade	Valor contab. líquido	Correcção quadro 7 mod. 22	Depreciação fiscalmente aceite
1	150 000		1 350 000		150 000
2	150 000		1 200 000		150 000
3	150 000		1 050 000		150 000
4	150 000	300 000	600 000	+ 300 000	150 000
5	100 000		500 000	- 50 000	150 000
6	100 000		400 000	- 50 000	150 000
7	100 000		300 000	- 50 000	150 000
8	100 000		200 000	-50 000	150 000

Note-se que, nesta resolução, admitimos que a não aceitação da perda por parte da administração permite considerá-la gasto fiscal a partir do ano 5 em partes iguais até ao final da vida útil estimada. Como já se disse, não parece razoável que este seja o tratamento de perdas derivadas de causas não previstas no artigo 38.º, e se negue a perdas que, do ponto de vista das entidades, têm fundamentos que se enquadram no dito artigo. Pode, como no caso vertente, a administração recusar a aceitação, por discordar dos motivos invocados. Mas então ao menos que se mantenha a dedutibilidade futura em partes iguais.

Assim, no exemplo que vimos tratando, a mais-valia contabilística será:

MVC = 500 000 − (1 500 000 − 150 000*4 − 300 000 − 100 000*4)
MVC = 500 000 − (1 500 000 − 1 300 000)
MVC = 300 000

A mais-valia fiscal:

MVF = 500 000 − (1 500 000 − 150 000*8)*1,2
MVF = 140 000

Situação 2:

Suponha-se que no ano 5 a administração fiscal aceita as razões da empresa e valida a dedutibilidade fiscal, no ano 4, da perda por imparidade. A empresa vendeu a máquina no início do ano 7, por 750 000 euro. Admita-se um coeficiente de correcção monetária de 1,15. Qual a mais ou menos-valia contabilística e fiscal?

Resolução:

Ano	Depreciação contab.	Perda por imparidade	Valor contab. líquido	Correcção quadro 7 mod. 22	Depreciação fiscalmente aceite
1	150 000		1 350 000		150 000
2	150 000		1 200 000		150 000
3	150 000		1 050 000		150 000
4	150 000	300 000	600 000		450 000
5	100 000		500 000		100 000
6	100 000		400 000		100 000

MVC = 750 000 –
– (1 500 000 – 150 000*4 – 300 000 – 100 000*2)
MVC = 350 000

MVF = 750 000 – (1 500 000 – 1 100 000)*1,15
MVF = 290 000

Caso 2

A empresa PETRLAX S.A. é proprietária de uma estação de serviços. Dessa estação constam, no balanço da empresa, desde 2010 (ano de início de actividade), os seguintes activos fixos:
– equipamento para depositar combustível: adquirido por 700 000 euro
– equipamento de bombear combustível: adquirido por 200 000 euro
– instalações: cujo valor escriturado é de 40 000 euro

Uma forte redução de tráfego na via de comunicação onde se encontra a estação ocorreu entre 2012 e 2013. Que aspectos económicos, contabilísticos e fiscais se devem ter em conta no eventual reconhecimento de perda por imparidade nos activos?

Resolução:

Neste caso há, antes demais, que avaliar qual a UGC passível de utilizar a fim de apurar a eventual perda por imparidade.

Dados os elementos do enunciado do caso, a UGC será a estação de serviço; pois nenhum dos activos referidos, quando tomado isoladamente, consegue gerar *cash flows* independentes dos proporcionados por outros activos.

Assim, ter-se-ia depois que analisar se a quantia recuperável poderia resultar da comparação entre o justo valor menos os custos de vender e o valor de uso; ou, caso o justo valor não fosse apurável, se o valor de uso seria a única estimativa da quantia recuperável.

Supondo que esta seria a situação – isto é, que não haveria preços de mercado em que de fundasse um cálculo minimamente objectivo do justo valor – o método dos *cash flows* descontados deveria ser aplicado. Para tal, eram necessárias estimativas de *cash flows* e da taxa de desconto a usar. Também a taxa de crescimento em perpetuidade (supondo a continuidade da exploração) se deveria projectar. Nestas estimativas, o reflexo da quebra de procura nas vendas, resultados e fluxos de caixa era a variável chave.

Supondo reconhecida uma perda por imparidade, se o valor de uso fosse inferior à quantia escriturada dos activos, coloca-se o problema da aceitação fiscal. Ora, no caso vertente, e por que a razão subjacente à perda não consta do elenco do artigo 38.º do CIRC, ela não seria dedutível. Todavia, poderá a empresa considerá-la gasto fiscal em partes iguais ao longo da vida útil restante dos activos afectos à estação de serviço.

11.
Imparidade em activos intangíveis no SNC: o caso particular do *goodwill*

11.1. Introdução

Como nos pontos 1 a 4 deste estudo se referiu, o tratamento contabilístico dos intangíveis constitui uma das mais complexas áreas da contabilidade. Nem os investigadores estão de acordo relativamente a um método uniforme de reconhecimento de activos intangíveis, nem as situações práticas se prestam a fornecer soluções que possam originar uma consistência de tratamento que se vá consolidando e dê lugar a um padrão aceite generalizadamente[56].

É certo que aos activos intangíveis se devem muitos dos factores de competitividade das organizações. A evolução das sociedades actuais para sistemas económicos onde o conhecimento é uma variável decisiva coloca à contabilidade o desafio de reportar nas demonstrações financei-

---

[56] Veja-se Rodrigues (2006) e Lopes (2008) para um tratamento aprofundado destas questões.

ras esses elementos, dos quais se supõe advirem benefícios económicos futuros. Ora, para tal, os critérios de reconhecimento e mensuração constituem peças-chave.

De entre os tópicos que mais discussão tem suscitado destaca-se o *goodwill*. Quer no tocante à sua definição e aos factores que lhe subjazem, quer no que respeita aos critérios de reconhecimento inicial e, sobretudo, do seu posterior tratamento, as polémicas abundam.

O SNC, na NCRF 6 dedicada aos activos intangíveis, perfilhou determinadas soluções, decorrentes dos normativos internacionais. Será a análise de algumas questões gerais e do tratamento específico do *goodwill*, constantes no novo normativo nacional, que nos ocupará neste ponto.

11.2. Sobre os intangíveis em geral

Antes de abordar alguns aspectos doutrinais relativos aos intangíveis, comecemos por apresentar elementos sobre a sua importância enquanto recursos reconhecidos nas demonstrações financeiras.

Finch (2007) mostra que, para o exercício de 2005, os intangíveis reconhecidos nos balanços das empresas australianas cotadas em bolsa ascendia a 5,7% do valor total dos activos. Nesse mesmo ano, do valor dos intangíveis, 54,1% respeitava ao *goodwill*, e o restante a marcas, patentes, direitos, *software*, licenças, etc.

Para as 10 empresas que maior percentagem de intangíveis apresentavam, a respectiva proporção no total dos activos variava entre um mínimo de 18,6%, e um máximo de 82,6%, sendo o valor médio de 29,2%.

Também Muller, Neamtiu e Riedl (2009) apresentam evidência empírica da importância dos intangíveis, num estudo sobre a actividade de *insider trading* (transacções de títulos por gestores) antes da divulgação de perdas por imparidade em *goodwill*. Nesse trabalho, os autores mostram que numa amostra de 612 empresas que, no mercado bolsista americano, apresentaram perdas por imparidade em *goodwill* entre 2002 e 2007, estas perdas representaram, em média, 11,9% do valor de mercado do capital próprio, o que não deixa de ser um valor muito importante.

Para o caso português, e segundo os elementos constantes do quadro 6, pode afirmar-se que o *goodwill* não deixa de constituir um activo muito relevante na estrutura patrimonial das entidades aí referidas. Ainda no mesmo quadro 6, a importância do *goodwill* na Microsoft é claramente evidenciada.

QUADRO 6: Importância relativa do *goodwill* nos intangíveis em 2008

(em milhões de euro)

Empresa	Activos intangíveis	Goodwill	Percentagem do *goodwill* nos intangíveis
Portugal Telecom	3.463	942	26,96%
EDP	5.842	3.192	54,62%
Novabase	29	23	79,31%
Microsoft	14.080	12.108	86,42%

Fonte: Relatórios e Contas extraídos dos sites das entidades constantes do quadro. Para a Microsoft, valores em USD

No mesmo sentido geral das normas internacionais de contabilidade, a NCRF 6 define activo intangível como "um activo não monetário identificável sem substância física".

Por seu turno, na estrutura conceptual do SNC (e também na estrutura conceptual do IASB) um activo é um recurso controlado por uma entidade do qual se espera que fluam benefícios económicos futuros. Temos pois evidenciadas as três características que definem um intangível:

- identificabilidade,
- controlo,
- expectativa de benefícios económicos futuros.

Sobre a identificabildiade, refere a norma que este critério estará satisfeito se o activo for separável. Isto é, se for possível isolá-lo da entidade e vendê-lo, transferi-lo, alugá-lo, licenciá-lo, ou trocá-lo.

O controlo é avaliado pela capacidade de obter benefícios do recurso e pela restrição do acesso a tais benefícios. Estes benefícios, por seu turno, podem consistir num aumento de rendimentos, diminuição de gastos ou outras vantagens resultantes do uso do activo pela entidade que o controla.

Por fim, e ainda como critério a satisfazer para reconhecer um intangível, estabelece a NCRF 6 que deve ser provável que benefícios económicos futuros fluam para a entidade e o custo do activo possa ser fiavelmente mensurado.

Que problemas decorrem desta definição normativa dos intangíveis?

A meu ver, duas: o controlo sobre o activo e a estimativa acerca da probabilidade de geração de benefícios económicos futuros. Analisemos um pouco mais estes assuntos.

A NCRF 6 (§ 9), ao exemplificar elementos que podem ser classificados como activos intangíveis, aponta os casos de: *software* de computadores, patentes, *copyrights*, filmes, listas de clientes, direitos de hipotecas, licenças de pesca, quotas de importação, relacionamentos com clientes ou fornecedores, fidelidade de clientes, quota de mercado e direitos de comercialização.

É claro que, logo no § 10, a mesma norma prescreve que nem todos os itens descritos no § 9 satisfazem a definição de um activo intangível. Com efeito, nesse § 10 reconhece-se que, em muitos casos, a identificabilidade, o controlo e a probabilidade de benefícios económicos futuros não estarão assegurados. Assim sendo, deverão os dispêndios para adquirir ou gerar tais elementos ser reconhecidos como gastos.

Com efeito, basta atentar na lista que o § 9 evidencia para se tornar imediatamente claro que elementos tais como "listas de clientes" ou "relacionamentos com fornecedores" não reúnem facilmente condições para se classificarem como intangíveis. Faltam-lhes elementos fulcrais como o controlo ou a probabilidade de gerarem benefícios económicos futuros.

A incerteza sobre as vantagens futuras (geração de benefícios económicos) resultantes de relacionamentos especiais com clientes ou fornecedores é bem ilustrada por Roberts (2004:207).

O autor descreve o acordo que, no final da década de 80 do século XX, a empresa norte-americana General Motors (GM) estabeleceu com os seus fornecedores de componentes para o fabrico de automóveis. Tal acordo resultou numa relação especial entre fornecedor e cliente. No âmbito desta relação, alguns fornecedores partilharam com a GM informação bastante sensível sobre a estrutura de custos das componentes que lhe vendiam. Quando, em finais de 1992, a empresa apresentou um prejuízo de 23 mil milhões de dólares, aproveitou-se desse conhecimento para impor reduções drásticas no preço pago aos fornecedores, diminuindo assim fortemente os custos com a aquisição de componentes.

Ora, no curto prazo, essa relação que tinha vindo a ser estabelecida traduziu-se numa vantagem para a GM (um benefício económico). Mas facilmente se antevê o grau de boa vontade futura que os seus fornecedores teriam para continuar a partilhar com a GM informação sobre a estrutura de custos dos produtos fabricados e manter uma relação de dependência desse cliente...

Em idêntica linha, mas agora numa situação inversa (a de o cliente ter perdas imediatas no seguimento de uma relação especial com fornecedores) Roberts (2004:208) apresenta o caso da Ford. Esta empresa tinha na sociedade britânica UPF-Thompson a fornecedora única de *chassis* para um determinando modelo de viatura. A empresa britânica entrou em dificuldades e foi declarada insolvente. A Ford, para tentar a todo o custo manter a fornecedora em funcionamento, dispôs-se a aumentar o preço de aquisição de cada *chassis* em 20%. Como se nota, a relação especial traduziu-se afinal num aumento de gastos, e não em benefícios esperados.

Rodrigues (2006:214) aponta também como fonte associada à incerteza sobre o fluxo esperado de benefícios de um intangível a especificidade de muitos activos. Esta característica, que muitas vezes impede usos alternativos para certos elementos, dificulta a quantificação de benefícios esperados, pois implica a admissibilidade de uso continuado por parte de uma entidade, não existindo termo comparativo com a sua utilização para outra qualquer finalidade.

Ainda no tocante à geração de benefícios económicos futuros, ela supõe o controlo de um recurso, mas não é condição suficiente. De facto, uma entidade pode ter uma relação contratual com clientes e dela decorrer que possui uma lista de destinatários dos seus produtos ou serviços com os quais tem um relacionamento especial. Mas se nessa relação contratual não estiver estabelecida a obrigatoriedade de aquisições regulares ou esporádicas à entidade, tal lista não é elemento bastante para que dela se esperem benefícios económicos futuros. Mais: até pode estar contratualizado que os ditos clientes se obrigam a adquirir uma certa quantia mensal de produtos da entidade, mas caso a relação termine por vontade do cliente sem qualquer sanção para este, também aqui a expectativa de benefícios futuros é frouxa.

O caso porventura mais emblemático da dificuldade em reconhecer intangíveis com base em dispêndios internos conducentes à obtenção de benefícios futuros é o das despesas com projectos de I&D.

Com efeito, o normativo internacional tem pendido para uma solução consensual de, só em circunstâncias muito particulares, permitir o reconhecimento de certas despesas de I&D como activos intangíveis.

Entre nós, e como é sabido, já a DC 7 estabelecia que, em regra, tais dispêndios deveriam ser custos do exercício. Agora, a NCRF 6 prescreve que as despesas de pesquisa devem ser reconhecidas como gastos; e os §§ 56 e seguintes da dita norma impõem um exigente conjunto de condições às entidades que reconheçam como activos despesas de desenvolvimento.

A propósito do tratamento contabilístico das despesas de I&D, Lev e Zarowin (1999) criticam a incoerência em torno deste tema: se uma empresa desenvolver um equipamento para uso interno, considera as despesas de pesquisa como custo, e se o adquirir a terceiros será considerado activo.

Os mesmos autores acham absurdo que as empresas farmacêuticas, químicas, informáticas, de biotecnologia e outras, reconheçam como activos os edifícios, mas não possam reconhecer como activos os avultados investimentos em intangíveis geradores da parte mais relevante da sua posição competitiva e do retorno gerado para os investidores.

Parece-me que estas críticas devem ser suavizadas. Na verdade, a posição que os normativos contabilísticos adoptam tenta balancear o reconhecimento de activos com a fiabilidade e prudência que devem nortear a produção da informação financeira.

A proibição do reconhecimento de intangíveis gerados internamente já foi anteriormente discutida, a propósito do *goodwill*. No tocante a outros activos, como as despesas de I&D, julgo de salientar duas reflexões adicionais.

Uma primeira tem que ver com o facto de, muitas vezes, ser extremamente difícil imputar a certas despesas a geração de benefícios económicos futuros. Pense-se no caso de uma empresa farmacêutica. O longo processo de pesquisa de princípios activos no plano químico, a panóplia de testes em cobaias e depois em seres humanos, a probabilidade de as autoridades competentes aprovarem ou não um dado medicamento para venda (mesmo depois de tais testes terem sido ultrapassados), todos são factores geradores de elevada incerteza sobre a obtenção de benefícios futuros. E, *last but not least*, a sempre presente possibilidade de efeitos secundários, que podem redundar na outorga de indemnizações a eventuais lesados e que ultrapassem os lucros gerados pela venda dos medicamentos, também recomenda uma compreensível prudência e reserva no reconhecimento como intangíveis.

Ou seja, dado que tal reconhecimento implica a objectivação de vantagens económicas futuras, é natural que as entidades que produzem normas atinentes à produção de demonstrações financeiras optem por jogar pelo seguro: permitir a capitalização apenas quando as condições de reconhecimento de activos estejam demonstradas com apreciável grau de certeza.

Um exemplo resultante da experiência ajudará a sustentar melhor esta posição de prudência, que defendo como princípio de actuação das entidades responsáveis pela normalização contabilística.

Uma dada empresa portuguesa dedicava-se a actividades de produção de equipamento de telecomunicações para fins militares. Na sua estrutura organizativa constava um departamento de pesquisa e desenvolvimento de equipamentos com essa finalidade (*in house research*). Fazendo uso da possibilidade de capitalizar despesas de I&D relativas aos ditos equipamentos (ao abrigo da DC 7), a empresa apresentava um balanço em que os intangíveis (I&D) eram o dobro dos activos fixos tangíveis.

Todavia, o relatório do auditor externo evidenciava que a entidade não apresentava provas minimamente convincentes de que muitas das despesas capitalizadas produziriam benefícios económicos futuros.

Ora, num processo de análise e diagnóstico financeiro, ao apurarem-se os valores de balanço corrigidos, tais despesas foram abatidas aos activos por contrapartida de uma redução de capital próprio. Assim, a empresa que, no balanço contabilístico, apresentava uma razoável cobertura do activo por capital próprio, passou, após as correcções mencionadas, a uma situação de falência técnica, correspondendo, como se sabe, a uma situação líquida ou capital próprio inferior a zero.

Exemplo notório desta manipulação da informação financeira foi visível na fraude perpetrada na Worldcom. Esta empresa capitalizou durante anos, com a conivência de uma auditoria externa *soft*, despesas consideradas como de I&D sem qualquer relação com a capacidade de geração de benefícios futuros. Só aquando de uma auditoria mais consistente, motivada pela deterioração da situação económico-financeira da empresa, é que se descobriu tal embuste.

Enfim, e voltando aos elementos que a NCRF 6 apresenta como potenciais intangíveis, é manifestamente evidente que, para muitos deles, a imputação da capacidade de geração de benefícios será extremamente problemática. Na dúvida, o normativo internacional tem pendido para a sua consideração como gastos. Este juízo prudencial parece-me bem. A outros autores[57], esta atitude merece severas críticas por impedir que se reconheçam nos balanços itens representativos de vantagens competitivas futuras.

Entre as duas posições, como já se salientou, tendo claramente para algum conservadorismo. Não por entender que esta posição só tem vantagens por comparação com a lógica alternativa da capitalização como regra. Mas por estar convicto de que ela é o menor dos dois males. Com efeito, sendo impossível pôr de acordo teóricos e práticos da contabilidade sobre qual o melhor método de reconhecimento de intangíveis, parece-me que uma excessiva liberdade terá mais desvantagens. Porquê? Porque a manipulação da informação que os *insiders* poderão ser tentados a fazer é mais prejudicial do que o efeito económico da falta de reconhecimento de certos supostos intangíveis nas demonstrações financeiras.

A informação financeira é seguida e analisada por um vasto conjunto de utentes. Dadas as divulgações actualmente exigidas, cabe aos analistas, investidores, potenciais compradores, bancos e outros interessados, analisar se o desempenho da empresa sob apreciação revela fontes de competitividade que espelhem intangíveis não reconhecidos. Ou seja, a contabilidade pode não reconhecer, que o mercado se encarregará (mais cedo ou mais tarde) de o fazer.

O ónus da prova da obtenção efectiva de vantagens futuras provenientes de certos gastos (sejam capitalizados ou não) cabe à gestão empresarial. Poderá esta não capitalizar intangíveis que o mercado os incluirá no valor da entidade s*e o desempenho periódico provar que tal se justifica.*

Aliás, esta grande dificuldade em encontrar um modelo de avaliação e de reconhecimento de intangíveis que reúna consenso generalizado – algo que, crê-se, muito improvavelmente algum dia acontecerá – levou

---

[57] Ver, por todos, Rodrigues (2006).

alguns autores a distinguir entre activos intangíveis e factores intangíveis de competitividade. Com a natural consequência no tocante à opção entre o reconhecimento e divulgação.

Reilly e Schweishs (1998) e Roberts (2004) apontam exemplos de activos que poderão não reunir as condições para o reconhecimento como intangíveis nas demonstrações financeiras. No entanto, sendo divulgados, contribuem para um melhor juízo de valor acerca das potencialidades de geração de benefícios futuros por parte de uma entidade. São disso exemplo os dispêndios com publicidade, a quota de mercado, as barreiras à entrada na actividade, as políticas de formação profissional especializada para os recursos humanos.

A importância destes factores e, ao mesmo tempo, a enorme dificuldade na sua valorização e reconhecimento no balanço é expressa no exemplo – que consta em Roberts (2004:191) acerca da Benetton. Refere o autor: *"Benetton actually outsources the basic design work and most of the manufacturing for its products. It also relies on retail outlets that are independently owned(...) Benetton takes care of creating the patterns form the designers´ drawings, dyes the clothing, handles the logistics of distribution and runs the advertising and marketing for the brand. (...) the firm manages complex set of relations with other value chain participants and coordinates activity among them".*

Como se observa, a Benetton é descrita como sendo gerida através de um modelo de desintegração vertical. Neste modelo, uma parte muito importante da operação é da responsabilidade de terceiros que, embora controlados pela empresa como entidade líder, têm uma grande margem de autonomia. Como quantificar estas relações e os benefícios económicos futuros que daqui podem decorrer? Como mensurar os riscos que a empresa corre ao externalizar actividades fulcrais do ciclo de criação de valor?

Sendo certo que a mensuração e o reconhecimento de activos com base nos benefícios que estas relações podem criar são muito problemáticos, não é menos verdade que se os investidores observarem que estes factores intangíveis vão produzindo retornos considerados apropriados, então o mercado encarregar-se-á de os valorizar[58]. Não parece, pois,

---

[58] Mesmo admitindo uma eficiência semi-forte dos mercados de capitais (ver ponto 4 deste estudo) não se afigura complexa a incorporação no preço dos títulos da informação relativa aos benefícios que tais factores proporcionam.

imprescindível que a gestão das empresas tenha de reconhecer no balanço o valor destes factores. O seu reconhecimento público pelos investidores, analistas, bancos, trabalhadores e outras partes interessadas, induz uma valorização que leva em conta o contributo de tais elementos para a criação de valor.

É verdade que em muitos casos a mensuração de intangíveis é um aspecto fortemente problemático. Todavia, ao menos no caso do "*goodwill* adquirido" a mensuração é mais pacífica e o seu reconhecimento aceite na generalidade dos normativos contabilísticos. É desse intangível que a seguir nos ocuparemos com mais pormenor.

11.3. O *goodwill* adquirido: sua relevância e questões conceptuais[59]

Como definir o *goodwill* obtido num processo de aquisição e por que razão se considera um intangível?

O *goodwill* pode ser visto sob duas perspectivas. A primeira, de cariz puramente aritmético. A segunda, bem mais importante, de natureza económico-financeira.

Na primeira acepção, o *goodwill* representa, como se sabe, a diferença entre o preço de aquisição pago por uma entidade e o justo valor dos elementos patrimoniais identificáveis da entidade adquirida.

Assim, suponha-se que a empresa ALFA adquire a empresa BETA. Admita-se que o valor contabilístico dos activos de BETA é de 50 milhões de euro e o valor contabilístico dos seus passivos é de 30 milhões de euro. Se, após ajustamentos, os justos valores de activos e passivos de BETA forem, respectivamente de 60 e 31 milhões de euro, o justo valor dos elementos adquiridos por ALFA é de 29 milhões. Caso o preço pago seja de 40 milhões, a adquirente reconhecerá um *goodwill* de 11 milhões.

Mas por que se dispõe ALFA a pagar um preço superior ao justo valor dos activos líquidos de BETA? Ora é aqui que radica a perspectiva económica do *goodwill*.

Neste contexto, ALFA só estará, racionalmente, disposta a pagar um preço superior ao justo valor dos activos se do uso desses activos estimar uma taxa de retorno superior à que BETA conseguiria. De onde pode ser originário esse excesso (previsto) de rendibilidade?

---

[59] Neste ponto foi de grande utilidade a consulta a Rodrigues (2006, p. 232 e segs).

Na generalidade dos casos, a empresa adquirente está convencida de que a aplicação aos activos da empresa adquirida da sua superior capacidade de gestão, do uso mais intensivo de eventuais vantagens competitivas desenvolvidas pela adquirida mas que esta não consegue rendibilizar e das sinergias (v. g., eliminação de custos pela redução de departamentos) que resultem da combinação dos negócios, proporcionará a obtenção de melhores taxas de retorno. A adquirida, tendo embora potencial para as alcançar, não o conseguiria como entidade autónoma.

O *goodwill* é pois, essencialmente, uma expectativa de benefícios supra normais. Estes serão obtidos com base no contributo particular das características da adquirida ou da aplicação de métodos ou formas de gestão da adquirente ao negócio que era desenvolvido pela entidade comprada. O reconhecimento do *goodwill* representa, assim, uma "afirmação", um "compromisso" ou uma "promessa" da gestão da empresa adquirente. A administração sinaliza que será capaz de rendibilizar, com uma taxa de retorno acima da normalmente exigida ao negócio adquirido, os activos da sociedade comprada. (Já se vê o que, neste contexto, significa o reconhecimento de uma perda por imparidade no *goodwill*. Mas a isso voltaremos mais tarde...)

O reconhecimento do *goodwill* pela adquirente radica então na exploração de vantagens que pode retirar do negócio da adquirida. Mas por que não estava o valor de tais vantagens já reflectido nos justos valores dos activos da adquirida? Se, no exemplo anterior, o justo valor dos activos da adquirida fosse de 41 milhões não haveria *goodwill* a reconhecer. Ora, é aqui que voltamos a um ponto central deste trabalho.

Em primeiro lugar, para que tal sucedesse era necessário capitalizar no balanço da adquirida elementos que, sendo factores ou fontes de vantagens competitivas, cumprissem as condições de reconhecimento como activos. Ora, tais factores resultarão de dispêndios efectuados pela empresa alvo. Então, a serem capitalizados, isso traduzir-se-ia no reconhecimento de *goodwill* interno. Dir-se-á: mas por que podem tais factores vir a transformar-se num activo num processo de aquisição e não podem ser evidenciados como tal pela empresa alvo?

A questão é pertinente. Nela assenta uma das principais críticas ao actual processo de reconhecimento do *goodwill*: a permissão de o reconhecer quando resulta de um processo da aquisição, mas não o que resulta de dispêndios internos nas empresas.

Todavia, há, a meu ver, que assinalar uma diferença essencial. O *goodwill* reconhecido como a diferença entre o preço pago e o justo valor do património adquirido tem uma validação externa: a do comprador. Este avaliou a empresa alvo, e entende que pode dela retirar um retorno supra-normal através do melhor uso dos seus activos. Seja por um mais eficiente uso dos elementos materiais e imateriais que a adquirida desenvolveu, ou pela aplicação de melhores técnicas de gestão da adquirente aos elementos da adquirida. Isto é, o *goodwill* reconhecido nas aquisições radica, no primeiro caso, num valor potencialmente existente no negócio da adquirida mas não explorado pela sua gestão. Ou, no segundo caso, pela inclusão do negócio da empresa alvo no universo da adquirente e da consequente aplicação de técnicas de gestão de activos, de motivação dos recursos humanos, do acesso a mercados que a adquirida não fornecia, ou dos benefícios do *marketing* da compradora.

Em síntese, ao reconhecer-se um *goodwill* num processo de aquisição, há uma chancela externa que o quantificou. Se, como já referimos neste estudo, se permitisse o reconhecimento do *goodwill* internamente gerado, estaria a capitalizar-se um conjunto de dispêndios cujo reconhecimento como activo dependia apenas e só da vontade da gestão. Julgamos que existe aqui uma diferença de vulto. E que esta diferença é um factor muito importante na permissão de reconhecimento do *goodwill* na aquisição de empresas e na proibição do reconhecimento do que é gerado internamente.

O *goodwill* pode resumir-se a uma capacidade esperada ou provável de retirar de um conjunto de elementos patrimoniais agregados numa entidade empresarial uma rendibilidade acima da média do sector. No contexto do negócio desenvolvido pela adquirida tais factores de rendibilidade não eram reconhecidos, pois resultavam de gastos que não reuniam as condições para reconhecimento como activos. A adquirente, ao dispor-se a pagar um preço acima dos justos valores, prevê que seja capaz de utilizar os recursos económicos (materiais e imateriais, reconhecidos ou não como activos) da adquirida de forma mais eficiente.

Vista a questão por este ângulo, que resultados tem evidenciado a investigação empírica sobre a rendibilidade das aquisições para os proprietários das empresas alvo e adquirentes?

Existe vasta literatura sobre o assunto. Uma síntese desta literatura pode ser vista, entre outros, em Weston *et al* (1998), Ross *et al* (2002) e Roberts (2004).

Weston *et al* (1998:142) referem que a literatura empírica tende a mostrar que as fusões e aquisições criam valor. Ou seja: perante o anúncio de aquisições os títulos cotados das empresas intervenientes sobem de preço.

Todavia, são os accionistas das sociedades alvo que são os beneficiados. Os ganhos para os accionistas das sociedades adquirentes são nulos ou muito fracamente positivos.

Ross *et al* (2002:842) confirmam este resultado. Salientam que os accionistas da empresa alvo têm ganhos médios entre 20% a 30%, e os das empresas adquirentes entre 0% e 4%.

Este autores sugerem uma explicação para o mau resultado que as empresas adquirentes em geral obtêm. Segundo eles, os ganhos antecipados com a aquisição por parte da empresa adquirente estão, em regra, sobreavaliados. A hipótese de os gestores estarem mais preocupados em expandir o seu império do que em estimar razoavelmente os ganhos potenciais da aquisição seria um factor a ter em conta.

Esta hipótese tem a conhecida designação de "hubris", e é muitas vezes avançada como factor determinante de fusões e aquisições, em detrimento dos interesses dos accionistas das adquirentes. Trata-se de mais uma das muitas manifestações dos chamados custos de agência, isto é, da separação entre a propriedade e a administração.

Idêntica linha de argumentação se encontra em Roberts (2004:245 e segs). O autor identifica como uma estratégia, correntemente usada por várias empresas, a aquisição de outras entidades com vista à exploração de sinergias. Assim, empresas como a General Electric, a Cisco ou a Vodafone têm baseado a sua estratégia em aquisições de várias unidades que depois integram na sua estrutura. Todavia, esta política assente em *"buying growth"* tem um sério risco: a de o valor criado pelas aquisições e fusões fluir quase exclusivamente para os accionistas da sociedade alvo.

Acrescenta que o valor de uma entidade, para uma outra potencialmente adquirente da primeira, tem duas componentes. Uma reflecte o valor intrínseco do negócio desenvolvido pela empresa alvo. A outra, um componente idiossincrático que reflecte as particularidades da combinação entre a entidade compradora e vendedora. Mais: o potencial para criar valor numa combinação de empresas (através de fusão aquisição ou outra forma) depende da existência de complementaridades entre as duas que exijam a combinação de recursos para serem realizadas.

Ora, na prática, tal facto revela-se, *a posteriori,* muito difícil. Por isso, os ganhos para os accionistas da empresa compradora são magros ou inexistentes.

Gu e Lev (2008) defendem que uma parte do *goodwill* reconhecido ao tempo da aquisição reflecte um pagamento excessivo pela empresa alvo, em resultado de *"ill-advised acquisitions"*. Ou seja, os supostos factores intangíveis que justificariam a expectativa de sobre lucros futuros acabam, posteriormente, por ser de difícil materialização. Daí que, como já referimos, os testes de imparidade – pese embora a sua inerente dose de subjectividade – se revelem conceptualmente muito importantes para aferir, regularmente, a real capacidade de geração de benefícios que, no momento das aquisição, se estimaram.

Ora, se em resultado de aquisições muito do *goodwill* reconhecido acaba por ser eliminado, e tais eliminações representam valores significativos (Muller *et al*, 2009), este é mais um motivo para se ter uma perspectiva bastante céptica acerca de o *goodwill* gerado internamente poder ser capitalizado.

Em breves palavras, que razões estarão então na base de o *goodwill* ser o intangível mais estudado, o que tem provocado mais debate teórico e prático e ao qual tem sido outorgado extenso tratamento normativo?

A primeira dessas razões decorre da objectividade do seu cálculo. Note-se que tal não significa a objectividade da sua existência. Uma empresa adquirente pode desembolsar, num processo de aquisição, um montante superior ao justo valor do património da adquirida sem que tal signifique, que, em substância, existe *goodwill*. Ou seja, que em resultado da operação a adquirente será capaz de usar elementos imateriais, não reconhecidos no balanço da adquirida, para gerar rendas económicas, e não apenas o retorno médio esperado para o sector. Mas, o que é facto é que essa diferença entre as duas quantias permite o apuramento do *goodwill* de forma aritmeticamente objectiva.

Em segundo, o seu significado económico é muito importante. Presta-se a um debate conceptual intenso sobre os factores de competitividade e seu reconhecimento nas demonstrações financeiras. Existe sobre este ponto abundante literatura, quer de natureza económica (relativa aos factores justificativos do *goodwill*), quer de natureza estritamente contabilística (como mensurar e tratar posteriormente o *goodwill*).

Em terceiro, trata-se do intangível que, por regra, maior relevo quantitativo assume nas demonstrações financeiras. Com efeito, o *goodwill,* existindo, supera geralmente os restantes elementos intangíveis (Finch, 2007). Também esta relevância lhe confere acrescida visibilidade na investigação e na prática da contabilidade.

Em quarto, o respectivo tratamento contabilístico tem sido alvo de intensa controvérsia (Rodrigues, 2006). Só nos últimos anos se caminhou para uma solução que tem vindo a merecer consenso internacional. Na verdade, como adiante se verá com maior pormenor, desde o abate por contrapartida de reservas, à amortização regular durante um período curto ou longo, ou à submissão a testes de imparidade, todas estas soluções têm defensores e críticos. O debate sobre intangíveis, no domínio da contabilidade, tem-se alimentado muito da controvérsia sobre o tratamento do *goodwill*.

Por seu lado, no domínio tributário, que também aqui nos ocupará, se a aceitação fiscal das perdas por imparidade em activos tangíveis já suscita as complexas questões que abordámos no ponto 10, o enquadramento tributário de perdas em *goodwill*, até pelas quantias que poderão estar em jogo, é também ele um tema muito delicado.

Eis algumas importantes razões que têm justificado o relevo do *goodwill* no estudo contabilístico-fiscal dos intangíveis.

12.
O que representa o *goodwill* e seu tratamento contabilístico: aspectos das NCRF 6, NCRF 12 e NCRF 14

A definição e o tratamento contabilístico do *goodwill* têm a sua expressão no SNC essencialmente nas seguintes normas:

- NCRF 6 – Activos Intangíveis
- NCRF 12 – Imparidade de Activos
- NCRF 14 – Concentrações de actividades empresariais

Comecemos por salientar um ponto constante do § 34 da NCRF 6. Aí se estabelece que uma entidade adquirente deve reconhecer, no âmbito de um processo de aquisição, activos intangíveis da adquirida, mesmo que tais activos não estejam reconhecidos nas contas desta. A norma ilustra esta hipótese com o possível reconhecimento pela adquirente de activos relativos a projectos de pesquisa e desenvolvimento, se tais projectos corresponderem à definição de activos e forem identificáveis separadamente do *goodwill*.

O que significa tal preceito? Ele implica, necessariamente, que se uma entidade A adquirir uma entidade B e nesta última existirem elementos imateriais – que podem não estar reconhecidos como activos intangíveis nas suas demonstrações financeiras – a adquirente deverá distingui-los do *goodwill* no processo de integração contabilística dos elementos da adquirida. Ou seja, o contributo para os benefícios futuros da adquirente dos referidos elementos imateriais da adquirida não se subsumiriam no âmbito geral do *goodwill*, mas seriam separados e passariam a constar como activo intangível autónomo, independente do *goodwill*, no plano do reconhecimento.

Em suma: o *goodwill* deve conter ou representar *apenas* os elementos imateriais dos quais se esperam benefícios futuros relativamente aos quais a identificação e separabilidade como intangíveis específicos (v.g., marcas, projectos de desenvolvimento, patentes, direitos contratuais, etc) não seja possível.

Esta definição de *goodwill* é, aliás, expressamente consagrada no § 9 da NCRF 14. Aí se caracteriza este elemento como correspondendo a benefícios económicos futuros resultantes de activos *"que não são capazes de ser individualmente identificados e separadamente reconhecidos"*. Como é óbvio, face ao que dispõe o § 34 da NCRF 6, caso os activos sejam identificáveis e separáveis estão automaticamente excluídos do *goodwill*, passando a constar nas contas da adquirente de forma autónoma.

Apurado o *goodwill* através da consideração do disposto nos preceitos anteriormente referidos, que tipo de reconhecimento inicial e tratamento posterior recomenda o normativo nacional, no âmbito do SNC? A NCRF 14 prescreve-o nos §§ 32 e seguintes.

Com efeito, aí se estabelece (§ 32) que, à data da aquisição, a adquirente deve reconhecer o *goodwill* pelo seu custo – definido, como já anteriormente vimos, no plano quantitativo – como um resíduo. Isto é, o *"excesso do custo da concentração (...) acima do interesse da adquirente no justo valor líquido dos activos, passivos e passivos contingentes identificáveis."*

Vale a pena salientar aqui a obrigação de levar em conta os passivos contingentes. Na verdade, segundo o disposto na NCRF 21 – "Provisões, passivos contingentes e activos contingentes", um passivo contingente é uma obrigação presente que decorre de acontecimentos passados (até aqui definido de forma idêntica a um passivo), mas que não é reconhecido como passivo porque não é provável que dele decorra um exfluxo de fundos para liquidar a obrigação, ou porque a quantia da obrigação não pode ser fiavelmente mensurada. A NCRF 21 define ainda passivo contingente como sendo " uma obrigação possível que provenha de acontecimentos passados e cuja existência somente será confirmada pela ocorrência ou não de um ou mais acontecimentos futuros incertos não totalmente sob controlo da entidade".

Quer isto dizer que se uma entidade adquirente identifica numa outra adquirida uma contingência (por exemplo de natureza fiscal) cuja liquidação é possível, mas só futuramente tal possibilidade se converterá ou não em obrigação, deve levar em conta este passivo contingente na quantificação do *goodwill*[60].

No seguimento deste reconhecimento inicial que tratamento contabilístico posterior se estabelece? A isto respondem os §§ 34 e 35, sempre da NCRF 14. Determina o primeiro que o *goodwill* adquirido numa concentração de actividades deve ser mensurado pelo custo menos qualquer perda por imparidade. E o segundo, que o *goodwill* não deve ser amortizado, e sim ser sujeito a testes de imparidade anuais, ou com maior frequência, caso certos acontecimentos indiciem que pode estar com imparidade, isto é, desvalorizado, face ao valor inicialmente reconhecido.[61] Ou, dito de forma mais substancial, que se deteriorou a

---

[60] A menos que, tal como se descreve na árvore de decisão constante do anexo A da NCRF 21, a possibilidade da existência de uma obrigação futura seja "remota", caso em que, como aí se estabelece, não é divulgado qualquer passivo contingente.

[61] É por vezes salientado que a mudança de tratamento subsequente do *goodwill* (passando a submetê-lo a testes de imparidade em vez de o amortizar) constituiu o *quid pro quo* pela generalização internacional do uso do método da compra e de não permitir o uso do método da comunhão de interesses. Neste último não se reconhecia *goodwill*, o que diminuía as amortizações e custos futuros, melhorado os resultados reportados. Ainda assim, como já referi, num plano conceptual os testes de imparidade parecem-me uma solução economicamente apropriada para o tratamento subsequente do *goodwill*, atendendo à razão que subjaz ao seu reconhecimento inicial. Se tal reconhecimento assenta em expectativas de taxas de retorno supra normais, então a avaliação periódica

expectativa de benefícios económicos supra normais que justificaram o preço pago na aquisição excedesse o justo valor líquido dos activos e passivos. E, consequentemente, o activo perdeu valor, dado que os fluxos de caixa esperados da sua utilização terão de ser revistos em baixa.

A periodicidade dos testes de imparidade ao *goodwill* está prevista no § 6, nos seguintes termos:

§ 6 – Independentemente de existir ou não qualquer indicação de imparidade, uma entidade deve também:

(a) Testar anualmente a imparidade de um activo intangível com uma vida útil indefinida ou um activo intangível ainda não disponível para uso comparando a sua quantia escriturada com a sua quantia recuperável. Este teste de imparidade pode ser efectuado em qualquer momento durante o período anual, desde que seja efectuado no mesmo momento de cada ano. Activos intangíveis diferentes podem ser testados quanto a imparidade em momentos diferentes. Contudo, se um desses activos intangíveis for inicialmente reconhecido durante o período anual corrente, esse activo deve ser testado quanto a imparidade antes do final do período corrente.

(b) Testar anualmente a imparidade do goodwill adquirido numa concentração de actividades empresariais de acordo com os parágrafos 40 a 50.

Entramos aqui, pois, no tema da imparidade do *goodwill*. Ora, tal assunto conduz-nos para a NCRF 12, que trata da imparidade de activos. Esta norma prescreve vários procedimentos directa e indirectamente relacionados com os testes de imparidade do *goodwill* e seus efeitos nas demonstrações financeiras.

Vejamos, primeiro, o sentido geral dos preceitos sobre imparidade do *goodwill* constantes da citada norma e, depois, ilustremos a sua aplicação com um exemplo numérico.

---

dessas expectativas – dessa "promessa" ou "juízo de valor" da administração da entidade adquirente – é solução defensável. Não se negando, bem entendido, as dificuldades que esses testes apresentam...

No plano dos princípios, começa por estabelecer o § 33 que os testes de imparidade devem ser aplicados a activos individuais. Depois, que não sendo possível estimar a quantia recuperável de um activo individual, uma entidade deve determinar a quantia recuperável da unidade geradora de caixa à qual o activo pertence. Quer isto dizer que, sendo, como na prática será, muito difícil estimar a quantia recuperável de certos activos considerados isoladamente, pode então estimar-se tal quantia relativamente a um conjunto de activos capazes de gerar autonomamente benefícios económicos futuros. (Já vimos as questões que este preceito suscita a propósito de activos fixos tangíveis).

Dada a complexidade que muitas vezes resulta da identificação das unidades geradoras de caixa, a própria norma exemplifica a sua existência com alguns casos concretos.

Para o tema que agora nos ocupa – a existência de possíveis perdas por imparidade no *goodwill* – é de particular relevo o disposto no § 40 da NCRF 12.

Aí se prescreve que o *goodwill* adquirido numa concentração de unidades empresariais deve, para efeitos de testar a sua imparidade, ser imputado a cada uma das unidades geradores de caixa, do adquirente, que se espera que beneficiem das sinergias da concentração de actividades empresariais. Para além disso, cada uma destas unidades deve cumprir duas condições:

i) Representar o nível mais baixo no seio da entidade relativamente ao qual o *goodwill* é monitorizado;

ii) Não ser maior do que um segmento operacional, determinado de acordo com a NCRF 8- Segmentos operacionais.

Ilustremos a aplicação destes preceitos com um caso hipotético.

Admita-se que a entidade TURISTEX Lda. adquire a totalidade do capital da sociedade ALFEX Lda. Esta última explora as seguintes unidades de negócio (a que também podemos chamar unidades geradoras de caixa):

– um hotel de três estrelas com 40 quartos, localizado em Bragança;
– dois edifícios no centro do Porto, que estavam arrendados, através de contratos anuais celebrados com os arrendatários.

Suponha-se que o valor escriturado no balanço da adquirida era de 5 milhões de euro para o hotel e de 1 milhão de euro para os edifícios. Os passivos identificáveis da adquirida ascendiam a 2 milhões de euro.

Admita-se, ainda, que os justos valores eram os seguintes:
hotel: 5,2 M euro
edifícios: 1,3 M euro
passivos: 2,2 M euro, todos imputáveis ao hotel.
Logo, o justo valor dos activos líquidos: 4,3M = 6,5M − 2,2M

Assim, e no caso de a adquirente pagar aos sócios da adquirida um valor de 6 milhões de euro (do qual se estima 4 milhões pelo hotel e o restante pelos edifícios) pela totalidade do capital, o *goodwill* a reconhecer será de (6 − 4,3) , ou seja de 1,7 M.

Nas contas da adquirente TURISTEX o *goodwill* aparecerá como um valor agregado. Todavia, no primeiro momento em que um teste de imparidade seja efectuado a este intangível, prescreve o citado § 40 da NCRF 12 que ele deve ser imputado a cada uma das duas unidades geradoras de caixa da adquirente que beneficiam das sinergias esperadas com a aquisição (e que justificaram o pagamento de um preço acima do justo valor).

Assim, e com base nos valores que acima se admitiram, resulta que o *goodwill* imputado ao hotel é de 1 milhão de euro, e 700 000 de euro aos edifícios[62].

Que procedimento utilizar para testar se o hotel denota imparidade? Admitindo que o preço pago resultou de uma avaliação pelo método dos *cash flows* descontados, então uma nova avaliação − levando em conta as projecções de variáveis sobre a procura, preços dos serviços vendidos, gastos, margens, etc., levaria a um novo conjunto de projecções de *cash flows*, a uma eventual nova taxa de actualização, e a uma provável nova taxa de crescimento em perpetuidade − supondo a continuidade do negócio − e, no final, ao valor do hotel.

Caso tal valor diferisse, para menos, do preço pago, então poder-se-ia considerar que o negócio adquirido (a unidade geradora de caixa constituída pelo hotel) se tinha desvalorizado, e reconhecer-se-ia a perda por imparidade no montante respectivo. Admita-se então que se concluía que o novo valor do hotel, com base no referido método de avaliação, era de 3,6 milhões de euro. A perda por imparidade a reconhecer no *goodwill* seria de 0,4 milhões de euro.

---

[62] No caso do hotel, o *goodwill* é dado pela diferença entre o preço pago (4M) e o justo valor dos activos líquidos adquiridos (3 = 5,2 − 2,2).

O registo a efectuar nas contas da adquirente deveria considerar o disposto no § 29 da NCRF 12 que manda reconhecer, em regra, nos resultados as perdas por imparidade.[63]

Assim, e no caso exemplificativo apresentado, o reconhecimento seria:

Débito: 65.6-Perdas por imparidade em activos intangíveis: 0,4 M
Crédito: 44.9 – Activos intangíveis- Perdas por imparidade acumuladas: 0,4 M

De salientar que, no plano contabilístico, o reconhecimento como um gasto da perda por imparidade em *goodwill* aparece bem fundado na estrutura conceptual do SNC. Na verdade, no § 49 da EC define-se activo como um recurso controlado pela entidade e do qual se espera que fluam benefícios ecónomicos futuros. Já se viu que o *goodwill* adquirido satisfaz esta definição. E, no § 92 da mesma EC, estabelece-se que se deve reconhecer um gasto "quando tenha surgido uma diminuição dos benefícios económicos futuros relacionados com uma diminuição de um activo." Ora é esta a razão essencial da diminuição do *goodwill* reconhecido: o teste de imparidade revelou que decresceu o valor dos benefícios esperados resultantes dos factores imateriais que justificaram o excedente do preço pago sobre o justo valor dos elementos adquiridos.

É assim clara a razão do reconhecimento em resultados de uma perda por imparidade em *goodwill*. No fundo, é a continuação da solução que reconhecia em resultados as amortizações periódicas do *goodwill*. Só que, agora, tal perda de valor não é reconhecida anualmente de maneira automática, e sim apenas quando um teste de imparidade revelar que a quantia recuperável é inferior à quantia escriturada.

Um outro preceito relevante no tocante à imparidade no *goodwill* consta do § 48 da NCRF 12. Nele se estabelece a periodicidade do teste de imparidade. Aí se dispõe que o referido teste para as unidades geradoras de caixa a que tenha sido imputado *goodwill* tem uma periodicidade anual. Pode, no entanto, ser efectuado em qualquer ocasião, desde que o seja em idêntico momento durante todos os anos.

---

[63] Dizemos em regra, pois o dito §29 estabelece que, no caso de um activo ser escritura pela quantia revalorizada (v.g, por via do disposto na NCRF 7- Activos Fixos Tangíveis) o tratamento é diferente. A perda por imparidade pode não ser levada a resultados e sim a um decréscimo do excedente de revalorização. (Adiante, ponto 17, se tratará desta questão).

Também o § 64 estabelece uma regra importante relativamente à imparidade do *goodwill*: não se permite a reversão (em períodos posteriores) de uma perda por imparidade reconhecida num dado exercício económico.[64]

Por fim, mencione-se que o § 66 (pertencente ao tópico "divulgações"), impõe às entidades que elaboram demonstrações financeiras um vasto leque de obrigações no que respeita à evidenciação de perdas por imparidade. Com efeito, aí se prevê a divulgação de informação sobre acontecimentos e circunstâncias que conduziram ao reconhecimento de perdas por imparidade, sobre as quantias reconhecidas, sobre a agregação de activos em unidades geradoras de caixa, que base de cálculo foi usada para determinar a quantia recuperável e as taxas de desconto utilizadas.

É que o apuramento de eventuais imparidades em *goodwill* resultará do confronto entre um valor inicial resultante de expectativas de taxas de retorno e a real evolução dessas taxas de retorno. Em particular, se a evolução do ambiente externo ou interno implicar redução de taxas de rendibilidade estimada então haverá deterioração de valor (imparidade) no *goodwill*.

Em tal processo, como facilmente se antevê, a continuada utilização do método dos *cash flows* descontados permitirá comparar o *goodwill* inicialmente reconhecido com o valor actual das expectativas de sobre fluxos de caixa esperados. Ora, como a seguir se verá com algum pormenor, a aplicação do dito método no apuramento destas perdas em *goodwill* depara-se com problemas significativos. Que, note-se, não devem inviabilizar o seu uso. Mas que não se podem escamotear na análise conceptual do processo de cálculo das perdas por imparidade em *goodwill*.

---

[64] A solução de não permitir a reversibilidade das perdas por imparidade no *goodwill* conduz a que, uma vez deteriorado, não se admite que exista inversão das causas que determinaram essa desvalorização. Num plano lógico esta posição parece-me extrema. Na verdade, se a desvalorização do *goodwill* resultou, por exemplo, de uma variação das taxas de desconto em virtude de alteração do prémio de risco, ou da taxa de juro das aplicações sem risco, não custa a admitir que tal situação se altere de modo a eliminar a causa da imparidade. O conservadorismo do legislador, porventura fundado na deterioração da qualidade da informação financeira que a reversibilidade das perdas em *goodwill* poderia ocasionar, pode ser alvitrado como razão para tal regra.

13.
Questões metodológicas no uso do método dos *cash flows* descontados e seu impacto nas potenciais perdas por imparidade em *goodwill*

13.1. Nota introdutória

A abordagem prescrita pela NCRF 12 é consistente, como já se disse, com a avaliação de empresas ou activos particulares pelo valor actual dos fluxos de caixa descontados. Esta abordagem subjaz, como se sabe, ao método de avaliação de investimentos através do VAL.

O objectivo é o de determinar qual o valor actual de um conjunto de fluxos de caixa futuros, com vista a obter o preço máximo que um potencial comprador estaria disposto a pagar por esse investimento, sendo este montante o que se designa por valor do activo (V_0).

$$V_0 = \sum_{i=1}^{n} \frac{FC_i}{(1+k)^i}$$

Como se pode verificar, o valor de um activo é determinado pelas seguintes variáveis:
- valor dos fluxos de caixa estimados (FC),
- número de períodos (n) relativamente aos quais se estimam fluxos de caixa,
- taxa de desconto (k) ou de actualização.

Três questões particulares surgem como determinantes da fiabilidade dos resultados na aplicação deste método: as estimativas dos fluxos de caixa, a taxa de desconto a usar e o período durante o qual se prevêem fluxos de caixa. Vejamos cada uma delas, primeiro no tocante aos aspectos conceptuais e, depois, na sua aplicação prática.

13.2. As estimativas de fluxos de caixa e questões associadas

13.2.1. Aspectos metodológicos

A aplicação do método dos fluxos de caixa descontados implica, em regra, as seguintes operações:

A. Diagnóstico da empresa e do meio

Trata-se, nesta fase, de analisar o desempenho recente da entidade num passado próximo (3 a 5 anos). A partir daqui, determinam-se os pontos fortes e fracos e as ameaças e oportunidades – a conhecida análise *SWOT* – que hão-de constituir um dos *inputs* das estimativas efectuadas para o período previsional.

B. Definição de pressupostos sobre operações, investimento e financiamento

É esta a fase crucial da aplicação do método. Na verdade, haverá que estimar rendimentos previstos (que resultarão da evolução de quantidades e preços projectados para vendas ou serviços prestados) e gastos a suportar (com matérias-primas, pessoal, fornecimentos externos, etc.). Depois, haverá que estimar os parâmetros do ciclo de exploração (v.g, prazo médio de recebimento de clientes, de pagamentos a fornecedores). Também haverá que definir hipóteses de evolução para as novas aquisições de activos fixos e para eventuais alienações e mais ou menos – valias que venham a gerar.

Por fim, terão que se admitir pressupostos para a estrutura de financiamento (proporção de capital próprio e dívida) e para a evolução das taxas de remuneração da dívida. Pode, assim, afirmar-se que a consistência dos valores finais que o método permite apurar depende da solidez dos pressupostos usados. Estes são, como bem se sabe, sempre falíveis. Daí que a análise de cenários seja um procedimento habitual aquando do uso do método.

C. Projecções financeiras

Nesta fase, condensam-se as estimativas previamente elaboradas em mapas previsionais: as demonstrações de resultados, o balanço e os fluxos de caixa. Temos, assim, as demonstrações prospectivas da entidade a avaliar para um período que, em regra, ronda os cinco anos.

Porém, admitindo-se geralmente a continuidade da entidade sob avaliação, após este primeiro período objecto de previsão explícita, considera-se que os fluxos de caixa crescem, em perpetuidade, a uma dada taxa *(g)*.

D. Determinação dos *cash flows* esperados

O fluxo de caixa liberto por uma entidade empresarial, sujeita ao imposto de rendimento das sociedades, será dado por[65]:

CF= RAJI (1-T) + A + VAR NFM − INV CAP FIXO (1)
Onde,
CF − *cash flow*
RAJI − resultado antes de juros e de imposto sobre o rendimento
T − taxa de imposto sobre o rendimento societário
A − amortizações
VAR NFM − variação das necessidades de fundo de maneio
INV CAP FIXO − aquisições de novos bens de investimento

De salientar que o *cash flow* acima representado é apurado na óptica da entidade, ou de todos os investidores (accionistas e credores). O *cash flow* numa óptica accionista (dos titulares do capital próprio) será, mantendo idêntica nomenclatura e hipóteses da nota 65, e onde RL significa o lucro líquido, dado por:

CF= RL + A + VAR NFM − INV CAP FIXO

---

[65] Considera-se que não existem provisões, nem perdas por imparidade, que não há cessões de activos fixos tangíveis e intangíveis e que o *cash flow* de financiamento é nulo. Assim, o *cash flow* apresentado na expressão (1) respeita a fluxos operacionais e de investimento.

Ora, num plano técnico, de que depende o *cash flow* num dado ano? Isto é, que variáveis críticas influenciam a sua estimativa? São elas:

- Taxa de crescimento dos rendimentos operacionais que, por sua vez, depende, essencialmente, de:
  - Evolução da conjuntura económica global e nacional
  - Evolução do mercado sectorial
  - Produtos e preços oferecidos e capacidade concorrencial

- Estrutura de custos e margens, a qual, por seu lado, radica em:
  - Tecnologia usada e sua eficiência produtiva
  - Recursos humanos e produtividade
  - Controlo de custos e margens

- Política de investimentos, que assenta em:
  - Projectos a levar a cabo com VAL positivo e desembolsos necessários à aquisição dos activos que integram esses projectos
  - Desinvestimentos, oportunidades de cessão de activos e encaixes esperados

- Política de financiamento, qual resulta de escolhas relativas a:
  - Estrutura de capital considerada óptima
  - Taxas de remuneração do capital alheio

- Eficiência fiscal, que é condicionada por:
  - Determinação da matéria colectável e eventual divergência entre resultado contabilístico e resultado fiscal
  - Taxa de tributação dos lucros
  - Benefícios fiscais

Como se observa pelas variáveis acima descritas, a estimativa dos fluxos de caixa projectados para um dado período previsional é uma tarefa de complexidade muito significativa. Que cresce à medida que aumenta a dimensão da entidade sob avaliação.

Por seu lado, também o número de períodos de projecção de fluxos de caixa futuros constitui questão particularmente crítica. Como forma de superar esta dificuldade, divide-se normalmente o período de avaliação em duas partes. Um primeiro período explícito de previsão (T1), em que se procuram determinar detalhadamente todas as componentes dos *cash flows*, e um segundo período (T2), a partir do qual se admite que o activo passa a operar em "velocidade de cruzeiro", isto é, se presume crescer a uma taxa constante até ao infinito. O § 17 da NCRF 12 lida com esta questão. Resolve-a determinando um período máximo de cinco anos para o período de previsão explícita de *cash flows* (alínea b) e impondo uma taxa constante ou decrescente para os *cash flows,* caso se presuma a continuidade dos benefícios dos activos (alínea c).

O modelo de avaliação vem assim dado por[66]:

$$V_0 = \sum_{i=1}^{T} \frac{FC_i}{(1+k)^i} + \frac{VR_T}{(1+k)^T}$$

O procedimento analítico que acabámos de descrever supõe a existência de duas fases distintas na evolução futura dos benefícios atribuídos ao activo. Uma fase de crescimento explícito, em que os *cash flows* podem ou não crescer a uma taxa constante, e uma fase de continuidade, em que se assume que os referidos benefícios crescerão de forma estável.

Alguns autores optam por apresentar modelos que supõem um único período de crescimento estável (os *cash flows* da empresa crescem de forma constante durante todo o período de previsão), enquanto outros optam por um modelo a três fases, definindo uma fase de ajustamento (*transition*) entre o período de previsão explícita (*high growth*) e o período de continuidade (*low growth*)[67].

Ainda no âmbito deste ponto, refira-se ser muito comum, na prática de avaliação de empresas ou de activos específicos, que o valor encontrado para o período de crescimento em continuidade (T2) venha igual a 70% ou 80% do valor total. Assume, neste cálculo, relevo particular a taxa de crescimento em perpetuidade que se considera. Uma pequena variação (por exemplo entre 2,5% e 3%) pode conduzir a valores finais

---

[66] De notar que em relação à fórmula geral de determinação do VAL, esta apenas se diferencia por levar em conta dois períodos de previsão: um primeiro de quantificação directa dos *cash flows* de cada período, um segundo (VRt) no qual se presume que o *cash flow* cresce a uma taxa constante, evitando o seu cálculo pormenorizado.

[67] Ver, sobre este ponto, Damodaran (1996), Copeland *et al* (2000), Ross *et al* (2002) e Neves (2002).

bastante díspares. A discussão e fundamentação desta taxa deve, por isso, ter um papel central no processo de quantificação.

13.2.2. Questões de aplicação prática na estimativa dos fluxos de caixa

No que respeita ainda às previsões dos *cash flows*, são inúmeras as questões práticas que se colocam no caminho do analista.

Em primeiro lugar, que taxas de crescimento do volume de negócios utilizar? A solução mais comum aponta como ponto de partida a média histórica verificada nos últimos anos. Mas isto suscita outra dificuldade: que tipo de médias utilizar, aritméticas ou geométricas? Muitos autores[68] defendem a utilização da média geométrica. Esta leva em conta o "efeito de composição", o que estará mais próximo da realidade, uma vez que os fluxos de caixa passados contribuirão para a geração de novos fluxos de caixa nos anos seguintes.

Estimados os rendimentos esperados, há que projectar os gastos futuros. Prever uma estrutura de gastos idêntica à verificada no passado implica que não se reconheçam quaisquer ganhos de produtividade. Quantificar ganhos (ou perdas) de produtividade a prazos de 4 ou 5 anos é, por outro lado, um exercício deveras arriscado.

Para além da estimação do crescimento de rendimentos e de gastos operacionais, como estimar a política de investimento e desinvestimento a adoptar? Como garantir que a política de financiamento da empresa não se vai alterar radicalmente no futuro? Irão manter-se as políticas de depreciações? Como estimar os riscos futuros e as provisões necessárias para os cobrir? Como é bem compreensível, existe um elevado grau de incerteza em torno da projecção dos valores destas variáveis.

Neste processo, há ainda um outro aspecto bastante importante relacionado com os dados históricos utilizados. Estes dados deverão, tanto quanto possível, englobar um ciclo económico completo, sob pena de distorcerem a análise a partir deles efectuada. (Se, por exemplo, apenas considerarmos dados de um ciclo económico expansionista, sobreavaliaremos o crescimento da empresa, projectando valores que dificilmente

---

[68] Veja-se Damodaran (1996 e 2008).

se virão a concretizar). O crescimento histórico poderá ser utilizado como factor relevante na estimativa do crescimento futuro, tendo em consideração os seguintes aspectos:

- A dimensão da empresa: se, por um lado, é admissível que uma pequena empresa possa crescer a taxas elevadas por um período alargado, o mesmo dificilmente será conseguido por uma empresa de grande dimensão;
- A variação da taxa de crescimento histórica: quanto mais volátil for a taxa de crescimento no período histórico, menos adequada a respectiva média se revela para servir de base a projecções futuras;
- O efeito dos ciclos económicos;
- As modificações fundamentais na estrutura ou políticas da empresa ao longo do período histórico, que possam afectar a comparabilidade dos dados.

As projecções de crescimento das variáveis que compõem o *cash flow* deverão ser fundamentadas não apenas na informação financeira disponibilizada pela empresa. Devem, também, e sempre que possível, ser baseadas nos dados macroeconómicos que possam afectar o crescimento futuro, na informação divulgada pelos concorrentes sobre o seu crescimento previsto, em outro tipo de informações (extra-contabilísticas) fornecidas pela empresa e em qualquer outra de informação relevante de que o avaliador disponha.

O aspecto de maior relevância na concretização de um processo de avaliação pelo método dos fluxos de caixa descontados consiste, seguramente, na estimação dos rendimentos operacionais para o período explícito de avaliação. Esta componente condiciona de forma decisiva a qualidade de todo o trabalho de avaliação.

Ora, tais rendimentos dependem, habitualmente, das seguintes varáveis: quantidades a vender, preços a praticar e taxas de crescimento destas variáveis. Não é pois fácil obter consensos de analistas sobre tais variáveis. É esta uma das razões principais para que a mesma empresa tenha habitualmente publicitados na imprensa diversos *price-targets* (preço –alvo ou justo valor) para as suas acções, consoante o analista que a avaliou.

Ficam assim bem patentes as principais dificuldades enfrentadas sempre que se procura aplicar o método dos *cash flows* descontados na avaliação de activos. Pretendeu-se, neste ponto, reflectir sobre as dificuldades práticas em aplicar o método dos fluxos de caixa descontados na determinação do valor de uso, processo essencial na mensuração e reconhecimento de perdas imparidade tais como definidas no SNC.

Como os §§ 16 a 18 da NCRF 12 deixam bem claro, as necessidades de informação para aplicação do método são elevadas, muito superiores às exigências de qualquer outro método, tornando-se essa situação num obstáculo de difícil superação. É por este motivo que o método dos *cash flows* descontados é mais utilizado em médias e grandes empresas. Nestas organizações, com maior ou menor dificuldade, acaba por se conseguir satisfazer as necessidades informacionais do modelo.

Para as pequenas empresas, os obstáculos são muitas vezes intransponíveis, optando os avaliadores por recorrer a outros métodos mais simples. Estes, embora proporcionem resultados porventura menos fiáveis, têm, no entanto, a grande vantagem de ser exequíveis sem um esforço desproporcionado face aos benefícios que daí iriam resultar (muitas vezes, a aplicação do método dos *cash flows* descontados, embora possível, exige um esforço exagerado, quando comparado com os benefícios que se esperam obter com a operação). De salientar, todavia, que o método dos *cash flows* descontados se pode aplicar a pequenas empresas. O problema não é tanto de ordem metodológica, residindo mais na dificuldade em obter informação fiável sobre os parâmetros requeridos pela aplicação do mesmo.

13.3. A taxa de desconto ou custo de oportunidade do capital: questões conceptuais na sua determinação

Um outro aspecto fundamental a ter em conta na aplicação do método dos *cash flows* descontados é o de garantir a adequação da taxa de actualização utilizada ao tipo de fluxos de caixa considerados. Como se determina a taxa de desconto a usar?

O processo de avaliação de uma entidade empresarial exige a determinação do custo do capital. Este deve ser entendido com um custo de oportunidade; ou seja, o benefício a que se renuncia por não investir na melhor alternativa de risco idêntico ao investimento em análise.

O método apresentado pela literatura da especialidade para a determinação do custo do capital é o Modelo de Valorização dos Activos

Financeiros (MVAF).[69] Como adiante se verá, este modelo baseia-se numa série de hipóteses que lhe conferem um grau de realismo discutível. No entanto, mesmo que se aceitem estas hipóteses como razoavelmente representativas da realidade e que os resultados da aplicação do modelo sejam apresentados como satisfatórios pela maior parte dos autores, a utilização do MVAF exige que a evolução da cotação das acções da empresa cujo custo do capital se pretende apurar esteja disponível durante um considerável lapso de tempo. Em suma, é necessário que estejamos em presença de sociedades cotadas na bolsa de valores.

Estas exigências tornam o modelo aplicável a um número muito limitado de sociedades portuguesas. O número de sociedades cotadas em Portugal é bastante escasso. Tal facto torna muito pertinente que se discutam formas de computar taxas de desconto apropriadas para empresas não cotadas.

13.3.1. Investimento, custo do capital e risco: modelos de determinação da taxa de desconto

Na avaliação da rendibilidade de um investimento podem ser utilizados diversos métodos. Mas só são aceites como cientificamente válidos os que se baseiam no princípio da actualização.[70] Na análise de um investimento isolado, os dois métodos normalmente utilizados são o VAL e a TIR. A sua aplicação exige a determinação prévia dos fluxos financeiros líquidos e do custo do capital.

O custo do capital representa a taxa de retorno mínima a exigir ao investimento. Se o VAL for negativo, o projecto deve ser rejeitado, sob pena de a riqueza dos sócios sofrer uma redução.[71] Torna-se assim evi-

---

[69] Usaremos esta designação como tradução de Capital Asset Pricing Model (CAPM). A caracterização do modelo e a sua aplicação ao cálculo do custo do capital nas decisões de investimento podem ser vistas em vários manuais de Finanças Empresariais. De entre eles podem referir-se Brealey e Myers (2001) e Damodaran (2001).

[70] Este princípio consiste em reportar o desembolso inicial necessário à aquisição de activos e os excedentes financeiros líquidos esperados a idêntico momento do tempo, usando as técnicas de cálculo financeiro.

[71] Note-se que o investimento pode gerar lucros e fluxos financeiros previsionais positivos e, ainda assim, a riqueza dos sócios sofrer uma redução em resultado da sua realização. É que, sendo o custo do capital um custo de oportunidade, os sócios ao aceitarem projectos com VAL negativo estão, deliberadamente, a aceitar uma remunera-

dente a importância do custo do capital no processo de determinação da rendibilidade dos investimentos, uma vez que é a variável que comanda a sua aceitação ou rejeição.

O apuramento do custo do capital obriga ao cálculo do custo do capital alheio e do capital próprio que financia o investimento. Se o custo do capital alheio, que corresponde à taxa de juro paga aos prestamistas, é facilmente determinável, já o mesmo não sucede com o custo do capital próprio. Neste caso, o factor chave que influencia o seu cálculo é o grau de risco inerente ao investimento. Assim sendo, desde cedo se desenvolveram metodologias que procuram relacionar o custo do capital próprio com o grau de risco dos investimentos por ele financiados. O MVAF é a principal dessas metodologias, que seguidamente se sintetiza.

O MVAF assenta na suposição segundo a qual o risco suportado por um investidor titular de uma acção de uma sociedade cotada é composto por duas partes: o risco não diversificável (risco de mercado) e o risco diversificável (risco da empresa). O primeiro resulta da influência de factores externos sobre a evolução dos rendimentos esperados das sociedades e portanto não controláveis pelos seus gestores. O segundo deriva da influência de factores internos à empresa, ou seja, de circunstâncias particulares da sua actividade.

As hipóteses subjacentes ao MVAF são as seguintes:

i) O mercado de capitais funciona de forma perfeita, o que significa que a informação é universal e gratuitamente disponível, que não existem custos de transacção nem impostos e que nenhum investidor é capaz de influenciar, individualmente, o processo de formação dos preços.

ii) Os investidores são racionais e têm idênticas expectativas e igual período de detenção dos activos financeiros (suponha-se um ano).

O MVAF estabelece que a taxa de retorno esperada de uma acção depende do seu grau de risco não diversificável, ou seja, do nível de risco que não pode ser evitado pela estratégia de diversificação dos investidores.

ção para o capital afecto ao projecto inferior à remuneração proporcionada por outras alternativas disponíveis de aplicação de fundos.

Admita-se a existência de uma aplicação isenta de risco – v.g. um título de dívida pública – cuja taxa de retorno esperada se designa por r_f. O principal resultado do MVAF para a análise de investimentos consiste na determinação da taxa de retorno esperada das acções de uma sociedade j (r_j) – o custo do capital próprio dessa sociedade – a partir da relação entre três taxas: r_f, r_j, e r_m, sendo esta última entendida como a taxa de retorno esperada da carteira representativa do mercado[72].

FIGURA 2: **Relação entre os diferenciais de rendimento esperado**

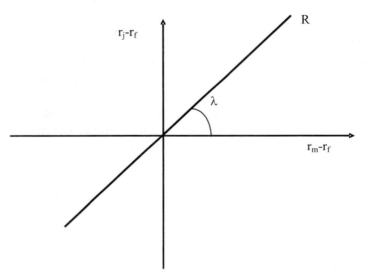

Na figura 2, a recta *R* representa a relação entre o diferencial de rendimento esperado de um título *j* face a uma aplicação isenta de risco (r_j-r_f), e o mesmo diferencial relativo à carteira que representa o mercado e o activo sem risco (r_m-r_f).

---

[72] A carteira representativa do mercado é habitualmente equiparada à carteira a partir da qual se constrói o índice bolsista mais importante. Nos Estados Unidos utiliza-se habitualmente o *"Standard & Poor 500 stock index"*, em Portugal seria o índice da bolsa de valores de Lisboa (PSI 20). Os rendimentos esperados de uma acção ou da carteira representativa do mercado podem ser calculados por extrapolação dos valores médios do passado ou das estimativas dos analistas profissionais baseadas na informação disponível.

A determinação do custo do capital é assim efectuada através da seguinte relação:

$$r_j - r_f = \beta(r_m - r_f)$$
$$\Leftrightarrow r_j = r_f + \beta(r_m - r_f)$$

Esta é a equação fundamental do MVAF. A taxa de retorno esperada de uma acção *j* é igual à taxa de retorno de uma aplicação isenta de risco acrescida de um diferencial entre esta e a taxa de retorno esperada da carteira representativa do mercado, multiplicado pelo parâmetro β. Este parâmetro – igual, na fig. 2, à tangente do ângulo λ – mede a sensibilidade da taxa de retorno esperada de uma acção *j* às variações da taxa de retorno esperada da carteira representativa do mercado. Quanto maior for o valor de , maior é a volatilidade da taxa de retorno esperada de *j* relativamente à média do mercado, elevando, consequentemente, o seu grau de risco sistemático. Assim, os investidores exigem da aplicação *j* uma taxa de retorno superior que compense o acréscimo desse risco[73].

Vejamos agora de que forma este resultado do MVAF é utilizado na determinação do custo do capital.

Admita-se – como hipótese simplificadora – que uma sociedade j pretende realizar um investimento k, que esse projecto será financiado por capitais próprios e alheios na mesma proporção em que estes dois tipos de capital entram na composição da estrutura de capital dessa sociedade e que a realização do projecto não altera o grau de risco da

---

[73] Conforme refere Lumby "*Beta does not indicate the degree of total volatility that can be expected in an investment´s return, but only indicates the extent to which expected return is likely to react to overall market movements.* (subl. do autor)

Para uma dada aplicação – suponha-se uma acção da sociedade j – o parâmetro βj é dado por:

$$\beta j = \frac{\sigma j \rho j m}{\sigma m}$$

σj – desvio-padrão da taxa de retorno esperada da aplicação j (rj)

σm – desvio-padrão da taxa de retorno esperada da carteira representativa do mercado (rm)

$\rho j m$ – coeficiente de correlação entre rj e rm

Em termos económicos, βj representa a relação entre o risco não diversificável da aplicação j e o risco total do mercado.

empresa. Admita-se, ainda, que existem elementos estatísticos disponíveis que permitem a aplicação do MVAF à resolução do problema da determinação do custo do capital a utilizar na análise da rendibilidade do referido investimento.

Nestas condições, o custo do capital a utilizar (c_k) será dado pela seguinte expressão:

$$c_k = \{r_f + \beta_j (r_m - r_f) \frac{E}{E+D}\} + r_d \frac{D}{E+D} \quad [74]$$

Conforme se pode observar, o principal problema resultante da aplicação da expressão anterior ao cálculo do custo do capital – para além do realismo das hipóteses subjacentes ao MVAF e das hipóteses adicionais que introduzimos no início deste ponto – é a possibilidade de determinação de e da extrapolação do prémio de risco a exigir ao investimento.

Para que essa determinação seja possível, é em primeiro lugar necessário que existam dados estatísticos que permitam calcular r_j e r_m. Supondo que esses dados existem e que é calculável, a sua aplicação enfrenta ainda de uma forte limitação: sendo apurado a partir de dados históricos, o parâmetro é utilizado para o cálculo do custo do capital a aplicar a decisões de investimento que são, por natureza, prospectivas.

Mas as dificuldades da aplicação do modelo aumentam consideravelmente ao abandonarmos as hipóteses simplificadoras atrás mencionadas. Com efeito, os investimentos das empresas afectam, normalmente, o grau de risco que lhes está associado. Assim, o parâmetro a utilizar teria que ser relativo ao investimento e não à sociedade. Isto é, a influência do elemento risco no cálculo do custo do capital deveria ser determinada a

---

[74] Para além de r_f, r_m e β_j – cujo significado já é conhecido – deve referir-se que:

r_d – taxa de juro que remunera os capitais alheios

$\dfrac{E}{E+D}$ – peso dos capitais próprios na estrutura de capital da sociedade j

$\dfrac{D}{E+D}$ – peso dos capitais alheios na estrutura de capital da sociedade j

partir de um factor "$_k$", o qual procuraria medir o risco do projecto a realizar.

Esta nova exigência aumenta bastante a dificuldade de aplicação prática do MVAF, uma vez que é muito difícil estimar "betas" de activos não transaccionados em mercados financeiros.[75] Por outro lado, a composição do financiamento do projecto pode diferir da estrutura de capital da sociedade[76]. Neste caso, e supondo que a proporção de capitais alheios que financia o projecto é superior ao seu peso na estrutura de capital da sociedade, a realização do projecto pode alterar o risco financeiro global da empresa. Se o parâmetro não levar em conta esta possibilidade, o custo do capital virá subavaliado, com consequências nefastas sobre a decisão a tomar quanto à realização do investimento.

Em suma, a aplicação do MVAF no cálculo do custo do capital a utilizar na avaliação de investimentos levanta, no meu entendimento, dois tipos de objecções: o realismo das hipóteses do modelo e as dificuldades no cálculo do grau de risco dos investimentos.

A construção do modelo e as hipóteses subjacentes assentam na suposição de que as sociedades, a cujos investimentos se procura aplicar este método, estão cotadas no mercado de capitais, sendo portanto possível obter dados sobre as taxas de retorno das suas acções.[77] Ora, num país como Portugal, esta exigência básica do modelo só é satisfeita num número ínfimo de casos.

Podem, ainda, ser afloradas algumas questões de concordância entre tipos de *cash flows* e modalidades de taxas de desconto. Deste modo, se usarmos o fluxo de caixa livre para os accionistas, deveremos proceder à sua actualização através da taxa de custo do capital próprio. Ao invés, se utilizarmos o fluxo de caixa operacional líquido (*free cash flow to the*

---

[75] De entre as formas de solucionar esta questão podem referir-se duas. Por um lado, podem utilizar-se "betas" de sociedades cuja actividade operacional seja semelhante à do investimento em análise; por outro, existe a opção de calcular medidas do grau de risco a partir de elementos contabilísticos. Nesta segunda solução, a sociedade pode determinar o factor em termos contabilísticos a partir da relação entre a taxa de rendibilidade dos activos da divisão ou departamento onde o investimento será realizado e a taxa média de rendibilidade dos activos de um conjunto de empresas representativo dessa actividade.

[76] Deverá ser idêntica, se essa estrutura for óptima.

[77] A aplicação do MVAF requer ainda que, no mercado de capitais, esteja cotado um conjunto de empresas suficientemente expressivo de forma a permitir calcular uma taxa de retorno média do mercado com significado económico.

firm), este deverá ser actualizado utilizando a taxa de custo médio ponderado do capital.

Do mesmo modo, *cash flow*s antes de impostos devem ser actualizados usando taxas antes de impostos, e *cash flow*s reais devem ser actualizados com recurso a taxas de desconto reais. A não adequação destes dois elementos fundamentais para a avaliação pelo método dos *cash flow*s descontados levará, obviamente, à obtenção de resultados enviesados.

Apesar de todas as dificuldades de aplicação prática que o modelo dos *cash flows* descontados suscita, não há dúvida de que, no plano conceptual, o método tem uma solidez notável. Ele permite comparar quantias que se estimam para diferentes períodos, reportando-as a idêntico momento através do mecanismo da actualização financeira.

Como um investimento supõe um desembolso de meios monetários, e o método radica na comparação entre esse desembolso e os encaixes monetários estimados que advirão do investimento, a sua utilização é consistente quanto às variáveis comparadas.

Estes são os motivos pelos quais a NCRF 12 o recomenda (na esteira dos normativos internacionais) para o cálculo do valor de uso nos testes de imparidade do *goodwill*.

A preocupação da norma com a adequação da taxa de desconto seleccionada está bem patente no § 16, alíneas c) a e). Aí se explicitam as diferentes componentes da taxa final de desconto a usar, nela incluindo não só os riscos gerais de mercado, mas também os riscos específicos do activo sob avaliação a fim de apurar o seu valor de uso.

13.4. Taxas de desconto em avaliação de empresas: o que se sabe sobre a sua amplitude e aplicação à realidade portuguesa

13.4.1. Empresas cotadas

No modelo dos *cash flows* descontados podem utilizar-se essencialmente duas taxas de actualização: a taxa de custo do capital próprio (k_e), e a taxa de custo médio ponderado do capital (k_m). Como já se disse, o primeiro será usado na actualização de *cash flows* para o accionista. O segundo, na actualização de *cash flows* para a empresa, ou para accionistas e credores.

A verdadeira dificuldade reside na determinação da taxa de custo do capital próprio. Reitere-se que esta traduz o custo de oportunidade do capital, ou seja, a remuneração que se poderia obter em aplicações alternativas com um nível de risco idêntico.

O custo do capital próprio é normalmente calculado pela adição de um prémio de risco à taxa de remuneração dos investimentos sem risco (habitualmente utiliza-se a taxa de retorno proporcionada pelos títulos garantidos pelo Estado, com uma maturidade o mais próxima possível do horizonte temporal do investimento que se pretende avaliar).

Como já se mostrou, o CAPM (ou MVAF) estabelece como custo de capital, ou taxa de desconto, o valor resultante da soma da taxa de juro das aplicações sem risco com o montante percentual de um prémio de risco. Este último resulta do ajustamento do prémio de risco geral do mercado (r_m-r_f) ao nível de risco que caracteriza a empresa, sendo essa operação conseguida através da multiplicação pelo parâmetro beta.

Que tipos de factores influenciam o prémio de risco que um accionista exige para afectar fundos a activos que geram retornos voláteis? Haverá que considerar, em primeiro lugar, o nível médio de aversão ou propensão para o risco, o qual varia ao longo do tempo. A preferência pelo consumo corrente em detrimento do consumo futuro deveria, mantendo tudo o resto constante, aumentar o prémio de risco.

Deve também considerar-se o risco associado ao comportamento da economia a nível agregado. Em países com maior volatilidade económica o prémio de risco deveria ser mais elevado do que em países com maior estabilidade.

Também o tipo de informação financeira à disposição dos investidores afecta o prémio de risco. Em mercados onde a informação financeira reportada pela entidades cotadas seja mais verdadeira e apropriada, os investidores exigiriam menores prémios de risco.

A liquidez existente no mercado – que revela a facilidade em transaccionar um activo sem que o seu preço varie significativamente, ela própria resultante da quantidade de investidores presentes no mercado e do número de transacções efectuadas – é outro factor relevante. Gibson e Mougeot (2004) e Bekaert *et al* (2006) mostram, respectivamente para o mercado americano e para um conjunto de mercados emergentes, que os prémios de risco podem ser parcialmente explicados por diferenças de liquidez.

Sabendo-se que todos (ou alguns) destes factores influenciam o prémio de risco, no processo de utilização do *discounted cash flow* há que quantificar um valor para esse prémio. Como estimá-lo?

O tipo de abordagem que tem vindo a ser usado na determinação do prémio de risco não é uniforme. Damodaran (2008) apresenta uma síntese dos métodos habitualmente mais usados. São eles:

i) Inquéritos (surveys)

Os inquéritos (*surveys*) a profissionais ou académicos são fontes a que, por vezes, se recorre para quantificar o prémio de risco.

Segundo o citado autor, um *survey* aplicado a investidores individuais nos EUA, entre 1999 e 2004, permitiu concluir que a mediana da taxa de retorno anual que esperavam ao investir em acções era de 12,8%. Tal valor implicava um prémio de risco (remuneração acima da exigida aos *treasury bonds*) de 8,3%.

Porém, caso se usem dados de *surveys* a investidores institucionais, como no inquérito que a empresa financeira Merrill Lynch levou a cabo em 2007, o *equity risk premium* esperado era apenas de 3,5%.

Por outro lado, também os administradores das sociedades cotadas costumam ser inquiridos sobre prémios de risco utilizados na avaliação dos investimentos que efectuam. Graham e Harvey (2008) realizaram um *survey* a administradores financeiros nos EUA, e obtiveram um valor para a mediana do prémio de risco de 4,2%. Estes autores verificaram que o valor do prémio, no percentil inferior, era de 3,11%. Mas alcançava 11,5 % no percentil superior, o que mostra uma elevada dispersão de opiniões acerca do prémio de risco adequado a exigir aos investimentos.

Quanto aos académicos, o trabalho em que nos vimos apoiando mostra que *surveys* regularmente realizados a economistas financeiros apontam para prémios de risco entre 6% a 7%. Mas, também nestes *surveys*, os valores podem variar entre 2% e 13%.

Nos manuais de finanças, não há uniformidade dos prémios de risco que se usam na discussão de casos práticos de avaliação de activos. Assim, Ross *et al* (2002) utilizam 9,5% (para os EUA). Weston *et al* (1998:190) afirmam, que: *"A number of studies have estimated this parameter, on average, over a period of years to be in the range of 6,5% to 8,5%. For our analysis, it is reasonable to use 7,5%"*.

Como se observa, os resultados de todas estas fontes para o apuramento do prémio de risco permitem uma considerável amplitude de valores. Naturalmente que tal variabilidade há-de forçosamente traduzir--se, por si só, numa significativa dispersão do valor do mesmo activo quando sujeito a diferentes avaliações.

ii) A extrapolação de prémios de risco historicamente observáveis

Uma outra abordagem consiste em calcular o excesso de rendibilidade que uma carteira composta por um índice representativo (S&P 500, FTSE, DAX, etc) evidencia relativamente a um activo sem risco. Ou seja, para efeitos práticos, o diferencial de rendibilidade das acções em relação aos títulos do tesouro a longo prazo.

Para os EUA, e a partir de dados que cobrem o período de 1928 a 2007, o diferencial de rendibilidade média anual das acções face às obrigações do tesouro foi de 6,43%. Tal estimativa poderia ser usada como valor para o *equity risk premium* futuro a exigir a investimentos com risco. Todavia, e como mostra Damodaran (2008) a estimativa do prémio de risco varia consoante o lapso temporal histórico que os dados representem, as taxas de juro sem risco que se usem e o tipo de média anual (aritmética ou geométrica). A fim de ilustrar o impacto destas variáveis o autor apresenta o seguinte quadro, aqui reproduzido:

QUADRO 7 – O prémio de risco histórico nos EUA

	Stocks - T bills		Stocks - T bonds	
	Média Aritmética	Média Geométrica	Média Aritmética	Média Geométrica
1928-2007	7,78%	5,94%	6,42%	4,79%
1967-2007	5,94%	4,75%	4,33%	3,50%
1997-2007	5,26%	3,86%	2,68%	1,51%

Fonte: Damodaran (2008:24)

Como se verifica, para o caso americano, o prémio de risco observado historicamente apresenta uma dispersão muito elevada. O horizonte temporal que se utiliza na estimação histórica, o tipo de média usada e activo sem risco considerado, são responsáveis pela considerável variabilidade no prémio calculado.

E que prémios de risco se obtêm para outros países?

Dimson *et al* (2006) estimaram, para 17 países, os prémios de risco do mercado accionista, com base na média geométrica das obrigações do tesouro.

Os resultados constam do quadro 8.

QUADRO 8: Prémios de risco em alguns países calculados a partir de dados para o período 1900-2005

Países	Prémio de risco observado (%)
Bélgica	2,57
França	3,86
Dinamarca	2,07
Alemanha	5,28
Irlanda	3,62
Itália	4,30
Espanha	2,32
Reino Unido	4,06
EUA	4,52
Mundo	4,04

Como se verifica, os valores entre 4% e 5% são os mais comuns em países tais como os EUA, o Reino Unido ou a Alemanha, enquanto que na Bélgica, Espanha, e Dinamarca surgem valores mais baixos.

De qualquer modo, a conclusão mais apropriada a extrair de todos estes dados é a extrema dificuldade em justificar (dentro de um intervalo considerável) um determinado valor específico para o prémio de risco no apuramento do custo do capital próprio.

Como já se viu ao longo deste trabalho, uma diferença de 1% ou 2% neste prémio induz fortes variações no valor actual dos *cash flows* descontados, sobretudo presumindo a continuidade da entidade sob avaliação.

iii) O prémio de risco implícito nas cotações

Através do conhecido modelo de Gordon, pode-se usar a seguinte expressão para calcular o valor de uma acção: $V_t = D_{t+1}/(K-g)$, onde

V_t: valor da acção no momento t
D_{t+1}: dividendo esperado em t + 1
K: taxa de retorno esperada do capital accionista
g: taxa de crescimento do dividendos em continuidade.

A expressão pode ser escrita como: $D_{t+1}/V_t = K - g$

Se se admitir, como é usual,[78] que, no longo prazo, a taxa de crescimento (*g*), convergirá para a taxa de juro sem risco (r_f), então:

Taxa de rendibilidade do dividendo (D_y, *Dividend yield*) = $K - r_f$

Ou seja:

$D_y = K - r_f = $ *equity risk premium*

Usando esta expressão, Damodaran (2008) estimou o prémio de risco nos EUA. Note-se que, neste caso, se trata de um prémio *forward looking*, pois assenta no prémio implícito nas actuais cotações, que são o resultado do desconto de *cash flows* esperados a uma taxa de retorno *esperada*, e não um prémio *backward looking* assente em dados históricos. Segundo o autor, o prémio apurado por este modelo seria de 4,37% em Janeiro de 2008, e de 4,54% em Setembro de 2008.

Tendo apresentado os três principais métodos para estimar o prémio de risco e de calcular esses prémios para os EUA, o autor exprime-se nos seguintes termos: "*As diferentes maneiras de estimar os prémios de risco e os resultados empíricos obtidos (...)fornecem suporte para que um avaliador do preço de acções use praticamente qualquer valor (....) seja 3% ou 12%.*"

---

[78] Veja-se Damodaran (2008).

E, por fim, em face desta diversidade qual o procedimento recomendável? O autor sustenta que, ao avaliar uma empresa, pretende-se apurar o respectivo justo valor, e não o nível geral de retorno do mercado. Assim, os prémios de risco de mercado calculados a partir de dados históricos seriam menos aconselhados, sendo o prémio de risco implícito para a empresa em causa o mais apropriado.

Conclui-se assim que, em empresas cotadas em mercados desenvolvidos, os problemas de estimação do prémio de risco são muito espinhosos. Que dizer de uma pequena economia como a portuguesa, na qual as empresas cotadas são em número reduzido?

Para o caso português, Alpalhão e Alves (2002) utilizam dados para o período 1993-2001 e apuram um prémio de risco histórico cuja média (aritmética) anual é de 12,24% e a média (geométrica) anual é de 8,43%.

Os autores notam a escassez de dados para o nosso mercado, comparativamente com outros países, e entendem que os seus prémios apresentam valores acima do que é comum.

Neves (2002), partindo de dados para o período 1990-2000, calcula o prémio de risco em 7,82% (média aritmética) e em 5,38% (média geométrica).

Ainda Alpalhão e Alves (2002), para o mesmo período de 1993 a 2001, apuram um prémio de risco implícito médio anual de 1,41%.

Os mesmos autores concluem o seu estudo com uma secção intitulada *"o que se sabe e o que não se sabe"* sobre o prémio de risco para o caso português e referem que:

- A aplicabilidade do método que apura prémios de risco estimados assentes em prémios históricos (*realized excess returns*) é muito fraca para o caso português. A exiguidade do mercado e os limites temporais das observações são factores que retiram a solidez desejável aos modelos estatísticos usados.
- A volatilidade do mercado accionista português, face a outros mercados mais "maduros", implica que os prémios de risco devam ser maiores.
- Não se sabe qual o valor exacto do prémio de risco, mas os autores entendem que valores entre 6% e 7% seriam razoáveis.

Também para a realidade portuguesa, e agora procurando determinar o custo do capital accionista com base em *surveys*, Bastos e Martins (2008) inquiriram as 1000 maiores empresas, das quais responderam 71.

Foi solicitado às entidades inquiridas que indicassem o intervalo do custo do capital próprio e do custo do capital[79] que utilizaram na avaliação do último projecto de investimento. Os resultados estão sintetizados no quadro 9.

QUADRO 9: Valor do custo do capital próprio e do custo do capital por escalões

Escalão de taxa	Valor do custo do capital próprio			Valor do custo do capital		
	Frequência	%	% Acumulada	Frequência	%	% Acumulada
inferior a 4,5%	9	12,7%	12,7%	27	29,7%	29,7%
de 4,5% a 7,49%	20	28,2%	40,8%	31	34,1%	63,7%
de 7,5% a 9,49%	12	16,9%	57,7%	15	16,5%	80,2%
de 9,5% a 11,49%	11	15,5%	73,2%	10	11,0%	91,2%
de 11,5% a 13,49%	9	12,7%	85,9%	3	3,3%	94,5%
de 13,5% a 15,49%	4	5,6%	91,5%	2	2,2%	96,7%
de 15,5% a 17,49%	2	2,8%	94,4%	0	0,0%	96,7%
de 17,5% a 19,49%	0	0,0%	94,4%	1	1,1%	97,8%
de 19,5% a 21,49%	1	1,4%	95,8%	0	0,0%	97,8%
de 21,5% a 23,49%	0	0,0%	95,8%	0	0,0%	97,8%
de 23,5% a 25,49%	1	1,4%	97,2%	1	1,1%	98,9%
superior a 25,5%	2	2,8%	100,0%	1	1,1%	100,0%
escalão médio	3,6			2,5		
Total respostas válidas	71			91		

Como se observa, existe uma percentagem muito significativa de empresas que adopta como custo do capital próprio um valor inferior a 7,5%. Em meu entender, haverá aqui alguma subestimação do custo de oportunidade do capital próprio afecto a investimentos. Com efeito, e considerando que a taxa de retorno da aplicações de longo prazo consi-

---

[79] A solicitação do intervalo de valor do "custo do capital" em vez do custo médio ponderado do capital, teve o propósito de incluir as empresas que, embora não calculando o custo médio ponderado do capital, utilizam uma taxa de desconto (ou conceito aproximado de custo do capital) na avaliação de projectos de investimento.

deradas sem risco ronda os 4%, o prémio é nulo ou abaixo do que a generalidade da literatura recomenda para Portugal.

Em suma, para o mercado de capitais português, e tal como para a generalidade dos mercados de capitais, a dispersão dos prémios de risco históricos é, na verdade, bastante significativa. Todavia, é corrente considerar-se, para os mercados europeus, prémios de risco em torno de 5% a 6%, como estimativas aceitáveis e, por isso, utilizáveis como *proxy* dos prémios previstos em avaliação de entidades pelo método dos *cash flows* descontados.

13.4.2. Empresas não cotadas

Um problema de vulto surge quando tentamos aplicar o método dos *cash flows* esperados a empresas não cotadas. Como determinar a taxa de retorno esperada para o capital próprio? Esta é uma das variáveis fundamentais do modelo, já que uma variação positiva (negativa) de 1% no valor da taxa terá um reflexo negativo (positivo) significativo no valor da empresa, em resultado do processo de actualização e da expressão calculada para a determinação do valor em continuidade.

Nestes casos, os analistas recorrem por vezes a métodos assentes em critérios contabilísticos, e determinam a taxa de custo do capital próprio com base nas rendibilidades médias do sector. Esta metodologia pode revelar-se problemática, na medida em que o valor encontrado dependerá sempre de valores contabilísticos (relativamente manipuláveis, como se sabe) e não contempla a possibilidade de a empresa poder ser significativamente distinta da média do sector em variáveis fundamentais que determinam o seu nível de risco (como por exemplo a estrutura de custos ou o grau de endividamento).

Um outro método adoptado pelos analistas, especialmente devido à sua simplicidade de aplicação, é a atribuição à empresa de um prémio de risco arbitrário, determinado apenas com base no juízo intuitivo, bom senso e experiência do analista. Esta metodologia afigura-se também algo problemática, na medida em que a mesma empresa, avaliada por duas pessoas distintas, e com base nas mesmas estimativas de *cash flows*, poderá ter valores completamente díspares.

Ainda sobre este universo de entidades não cotadas, uma questão pertinente será a seguinte: uma vez que nas empresas de capital fechado existem riscos específicos superiores às de capital aberto (v.g. risco de não diversificação), o seu custo de capital será, em regra, superior ao das empresas cotadas. Mas como quantificar esta divergência?

Um método para o apuramento do custo do capital próprio em pequenas empresas é o chamado "*build up approach*", ou método da adição dos prémios de risco[80]. Em que consiste?

Partindo do CAPM, usando o β de empresas comparáveis, são depois adicionados prémios de risco que procuram fazer reflectir no custo do capital os factores de iliquidez, de não diversificação e outros julgados relevantes na pequena empresa sob avaliação.

Um exemplo do uso deste método pode ser visto em Eduardo *et al* (2001), que passamos a sintetizar. Uma pequena empresa norte-americana, não cotada em bolsa, Premier Corporation, dedica-se ao fabrico de electrodomésticos. Pretende realizar um projecto de investimento e a sua administração estuda qual a melhor estimativa para o custo do capital próprio que suportará o projecto.

Duas empresas cotadas pertencentes ao mesmo sector – a Whirlpool e Maytag – apresentam "betas" de, respectivamente, 1,05 e 1,2. Dado que a Maytag é a de menor dimensão, decidiu-se usar o respectivo β. Assim, numa primeira abordagem, e como ponto de partida para o cálculo do custo do capital accionista (K_e) da Premier, obter-se-ia:

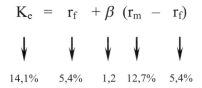

$$K_e = r_f + \beta (r_m - r_f)$$

14,1%   5,4%   1,2   12,7%   5,4%

Para os autores este valor de K_e não é aceitável. Só o risco sistemático está considerado. A administração julga que dois factores de risco adicionais devem ser ponderados:

– *small company risk*; isto é, o risco essencialmente decorrente da não diversificação;

– o risco de iliquidez das acções da empresa Premier. Não estando cotadas, elas não podem ser vendidas a qualquer momento sem um desconto significativo.

---

[80] Segue-se aqui de perto Martins *et al* (2009).

Quanto ao primeiro destes tipos de risco, obtiveram-se dados sobre a taxa de rendibilidade histórica das acções de pequenas empresas cotadas nos EUA, que era de 17,7%.

Quanto ao segundo tipo de risco, existem estudos evidenciando que acções que por razões contratuais, não podem ser livremente transaccionadas em bolsa (*restricted stock*) são negociadas, fora da bolsa, com descontos de 30% a 40% face às que são livremente transaccionadas.

Assim, embora partindo de pressupostos sempre discutíveis, mas julgados os mais razoáveis face a outros alternativos, apura-se o seguinte valor para K_e:

$$K_e = 5,4\% + 1,2 \, (12,7\% - 5,4\%) + 5\% + 10\% = 29,16\%$$

Neste apuramento, a iliquidez implica o aumento de 10% na taxa de desconto. E a não diversificação um incremento de 5%.

Um outro método, aplicável a entidades não cotadas, em especial de pequena dimensão, é proposto por Cotner e Fletcher (1999).

No essencial, o método consiste nos seguintes passos:

1. Num processo de discussão interna, devem atribuir-se valores aos níveis de risco imputado a cada critério de decisão considerado num dado projecto de investimento. O quadro 10 mostra um exemplo.

QUADRO 10: Graus de risco do projecto e prémios adoptados

Grau de risco	Prémio de risco
Risco muito baixo MB	8%
Risco baixo B	13%
Risco médio M	18%
Risco muito elevado E	23%
Risco muito elevado ME	28%

2. Estabelecem-se os factores de risco e critérios de decisão a levar em conta no processo de análise do projecto. O quadro 11 mostra um exemplo.

QUADRO 11 : Factores de risco/critério de decisão

Critérios	Sub-critérios
Proveitos operacionais (P)	Vendas, variância das vendas, taxa de crescimento das vendas
Estrutura de custos (EC)	Custos fixos; alavancagem operacional
Factores financeiros (F)	Cobertura de serviço da dívidaCapacidade de endividamentoEstrutura da dívida
Gestão e propriedade (G)	Confiança nos gestoresExperiência organizacionalControlo
Estratégia (E)	Fornecedores, clientes, novos concorrentes Concorrência no sector, produtos substitutos

3. Para cada critério/sub-critério deve a gestão determinar um peso percentual no processo de apuramento do custo do capital, e atribuir-lhe um dos níveis de risco definidos em 1.

Assim, suponha-se a seguinte situação (quadro 12):

QUADRO 12: Peso percentual no apuramento do custo do capital

Critérios	Peso percentual	Nível de risco	Valor do risco
P	40%	E	23%
EC	10%	B	13%
F	10%	B	13%
G	20%	M	18%
E	20%	E	23%

Da aplicação deste método, resultaria que o custo do capital a usar seria:

$$K_e = 0{,}4 \times 0{,}23 + 0{,}1 \times 0{,}13 + 0{,}1 \times 0{,}13 + 0{,}2 \times 0{,}18 + 0{,}2 \times 0{,}23 = 20\%$$

A principal vantagem deste método é a participação de um conjunto mais alargado de pessoas na definição do custo do capital próprio e no processo de reflexão interno sobre os diversos tipos de riscos envolvidos na actividade.

A desvantagem traduz-se num resultado mais subjectivo, por comparação à utilização de parâmetros do mercado, ou de prémios de risco calculados de maneira mais formalizada.

13.4.3. Nota final

Sintetizam-se, assim, os aspectos fundamentais das duas grandes dificuldades que poderão surgir na tentativa de aplicação do método dos *cash flows* descontados na avaliação de empresas. Como vimos, prendem-se com a estimativa do valor esperado dos *cash flows* e a determinação do custo do capital próprio.

Em suma, se o método dos *cash flows* descontados é geralmente aceite como consistente com a teoria financeira, a sua aplicação prática na avaliação de uma empresa requer a definição de um conjunto alargado de pressupostos sobre a evolução futura das políticas operacionais, de investimento e financiamento. Assim, a mesma empresa, quando avaliada por duas entidades diferentes, terá por certo valores distintos.

Será provável que, no âmbito do SNC, as perdas por imparidade em resultado de diferenças entre quantias escrituradas e os valores de uso venham a enfermar de significativa dose de subjectividade. Este é pois um problema com o qual os profissionais que elaboram as demonstrações financeiras terão que lidar. E que vem juntar às áreas da contabilidade nas quais o reconhecimento de proveitos e gastos se baseia em estimativas uma outra de inegável relevo técnico mas de considerável dificuldade de aplicação.

Uma forma de minorar este incontornável problema é exigir divulgações que permitam aos investidores e a todos os interessados analisar se as perdas por imparidade reconhecidas assentam em bases minimamente consistentes e se as projecções efectuadas têm uma lógica defensável.

Como a seguir se verá (ponto 14), nem sempre as entidades divulgam os elementos necessários para que os utentes das demonstrações possam ajuizar da razoabilidade dos pressupostos utilizados.

13.5. Perdas em *goodwill*, reconhecimento contabilístico e impacto nos mercados

Uma questão relevante no âmbito do estudo contabilístico do *goodwill* tem que ver com o impacto das desvalorizações na informação financeira divulgada pelas empresas e na reacção dos investidores.

Na designada *"business press"*, Harrington (2003) ilustra o conhecido caso da aquisição da Time Warner pela American On Line (AOL) e o reconhecimento pela última, em 2002, de imparidades no valor de 99,7 mil milhões de dólares[81]. Como o autor refere, os executivos da AOL logo referiram que se tratava apenas de uma *non cash charge*, que em nada alterava a actividade operacional da empresa. Todavia, como no citado artigo afirma Paul Brown – então professor de contabilidade na Stern School of Business da New York University – *"it's saying something about how the company views the productivity of its assets going forward"*.

Se o reconhecimento de *goodwill* é uma expectativa de sobre lucros futuros, então o reconhecimento de perdas por imparidade nestes activos traduz-se, como é óbvio, na diminuição dessas expectativas e de que o preço pago terá sido excessivo.

Também é certo que fazer "prognósticos no fim do jogo" é fácil. Mas parece claro que muitos dos valores que se atingem em aquisições de empresas estão mais relacionados com factores inerentes aos desejos ou caprichos dos executivos do que a uma análise racional da criação de valor para os accionistas.

---

[81] No mesmo escrito, a autor evidencia que, em 2002, ano em que muitas empresas americanas reconheceram imparidades em *goodwill* resultantes de aquisições de empresas do sector das tecnologias de informação, os lucros das sociedades constantes da lista FORTUNE 500 foram de 69,6 mil milhões de dólares. Teriam sido de 260 mil milhões caso as perdas por imparidade em *goodwill* e outros activos não tivessem sido reconhecidas.

Numa outra linha de investigação, Muller *et al* (2009) averiguaram se os administradores (*insiders*) vendiam acções antes da divulgação de perdas por imparidade em *goodwill* por parte das empresas que dirigem. Ou seja, se antecipando a possível reacção negativa do mercado à divulgação de perdas em *goodwill*, se apressavam a desfazer-se das acções, evitando assim incorrer em menos-valias.

Aliás, esta linha de investigação em contabilidade e finanças – a de analisar se existem transacções por parte dos administradores previamente à divulgação de informação relevante para a formação do preço das acções – mostra que, na verdade, se verifica um aumento daquelas aquando da transmissão ao mercado dessas informações[82].

Os resultados de Muler *et al* permitem concluir que previamente à divulgação de perdas por imparidade em *goodwill* – totalizando em média 11,9% do valor de mercado das acções da empresas afectadas – os *insiders* efectuavam transacções de montante significativo (*abnormal selling of their shares*).

Para o mercado australiano, Finch (2007) analisou qual o impacto nos resultados da mudança do método da amortização sistemática do *goodwill* para o método dos testes de imparidade. Para uma amostra de empresas cotadas na bolsa australiana, e para o exercício de 2006 – o primeiro em que o *goodwill* foi sujeito a testes de imparidade – verificou-se que a imparidade reconhecida pelas empresas da amostra foi de 5 milhões de dólares australianos. Caso se mantivesse a amortização, as mesmas empresas deveriam ter reconhecido gastos de 1 247 milhões. Como refere o autor, esta diminuição de gastos *"represents an enormous boost to profitability..."*

---

[82] Veja-se, entre outros, Jagolinzer (2009) e Huddart *et al* (2007).

14.
A divulgação sobre testes de imparidade em activos intangíveis nas demonstrações financeiras: alguns exemplos

Tal como se apresentou para os activos tangíveis, vejamos agora algumas divulgações efectuadas por entidades nacionais e internacionais sobre a imparidade em *goodwill*.

O objectivo que se pretende é o de mostrar de que forma essas entidades cumprem os requisitos – que, como se viu, são bastante amplos – relativos à divulgação das causas e do processo de apuramento das perdas por imparidade em *goodwill*.

Assim, do Relatório e Contas da EFACEC, S.A. de 2008, retira-se o seguinte excerto:

"A decomposição do goodwill por subsidiária/associada é a seguinte (euro):

ATM – Assistência Total em Manutenção, SA 4.577.159
Grupo TECH M5 3.549.415
Engimais 1.971.508
O&M Serviços, S.A. 207.628
ENT – Empresa Nacional de Telecomunicações, SA (a) 204.736
BCI – BRISA Conservação de Infra-estruturas, SA 124.211
Águas da Figueira, SA 54.791
Bauen Efacec, SA 33.454
Efacec Moçambique, Lda. 697.111
Efacec Energy Service, Ltda. 585.579
Advanced Control Systems, Inc. 10.104.798
Aura de Guijo de Coria, SL 1.325.943
Aura de Agudo, SL 880.628
Efacec Power Transformers Inc. 635.832

Total 25 714 281euro

(a) Em 2006 ocorreu uma fusão por incorporação dos activos líquidos desta subsidiária na Efacec Sistemas Electrónica, SA..

A variação verificada em 2008 no goodwill da Advanced Control Systems, Inc., adquirida no final de 2007, deveu-se ao reajustamento do valor dos capitais próprios à data da compra, decorrente do recálculo do valor dos activos circulantes. Os testes de imparidade efectuados atestam que o aumento verificado no valor do goodwill não coloca em causa a sua recuperação através dos cash-flow futuros.

A variação observada na Efacec Energy Service, Ltda. resulta da actualização cambial do Real, divisa em que o valor do goodwill foi reconhecido.

As restantes variações referem-se às aquisições ocorridas em 2008 da totalidade do capital das sociedades Aura de Agudo, SL e Aura de Guijo de Coria, SL, ambas sedeadas em Espanha. Os valores registados correspondem, em cada caso, à diferença entre o custo de aquisição, já realizado ou a realizar a curto prazo, face ao valor contabilístico dos activos e passivos. Nos casos presentes não houve lugar a quaisquer correcções aos respectivos valores contabilísticos. A Efacec Power Transformers, Inc. é uma nova empresa nos Estados Unidos, tendo-se registado como diferença de consolidação os custos incorridos com o estabelecimento da sociedade.

Foram efectuados testes de imparidade para a generalidade das empresas que justificam o valor do goodwill, com base nas projecções dos cash-flows futuros descontados, não tendo daí decorrido qualquer perda de valor. Nos referidos testes foram utilizados os seguintes pressupostos:

INDICADORES
WACC: 9,30%
OT 5 anos: 3,53%
Spread:s 2,43%
OT 10 anos: 4,39%
Prémio de risco: 5,00%

Nos testes a empresas situadas em países considerados de risco, o prémio de risco foi acrescido, em média, em 3%.

De salientar que a empresa distribui o *goodwill* pelas aquisições das entidades que o originaram. Este procedimento nem sempre é observado. A desagregação melhora a qualidade da informação, e faculta aos seus utentes mais elementos para apreciar a relevância das notas anexas às demonstrações financeiras na sua tomada de decisão. Também o custo do capital é explicitado, principalmente os prémios de risco usados. Os utentes das demonstrações são ainda informados de que a estimativa desses prémios foi influenciada pelo chamado risco-país.

Note-se que o prémio de risco usado como referência (5%) se enquadra dentro dos valores que atrás se referiram como "normais".

Por fim, assinale-se que dos testes efectuados não decorreu qualquer reconhecimento de perdas por imparidade em *goodwill*. Tal significa que se concluiu que os prémios de aquisição pagos continuam sustentados nas expectativas futuras de *cash flows* que os justificaram aquando da compra das entidades. A administração da empresa continua convicta de que os prémios pagos nas ditas aquisições continuam a justificar-se em face das expectativas de rendibilidade futura desses investimentos.

Bayer, 2002

Intangible assets

Acquired intangible assets other than goodwill are recognized at cost and amortized by the straight line method over a period of 4 to 15 years(...).Write downs are made for impairment losses. Assets are written back if the reasons for previous years´ write-downs no longer apply.

Goodwill, including that resulting from capital consolidation, is capitalized and amortized on a straight line basis over a maximum estimated useful life of 20 years. The value of goodwill is reassessed regularly based on impairment indicators and written down if necessary. .. such write downs of goodwill are measured by comparison to the discounted cash flows expected to be generated by the assets to which the goodwill can be ascribed.

Portugal Telecom, Form 20-F, 2007,

Intangible assets

"For impairment analysis purposes, goodwill was allocated to cash generating units, which correspond to reportable business segments (note 7). The Company's management has concluded, based on estimated cash flows for those segments discounted using the applicable discount rates, that at 31 December 2007 the book value of financial investments, including goodwill, did not exceed its recoverable amount".

Unilever, 2003

The accounts are prepared under the historical cost convention and comply in all material respects with legislation in the Netherlands and the United Kingdom and with applicable accounting standards in the UK.

As a result of the operational and contractual arrangements in place between NV and PLC and the internal participating interests of these companies....the accounts of the Unilever Group are presented by both NV and PLC as their respective consolidated accounts. On the face of the balance sheet ....PLC currently has negative capital and reserves. This arises largely because of an accounting policy of writing off goodwill, directly to reserves, arising on acquisitions in previous years...These write offs do not have an impact on distributable reserves"

A Unilever, ainda em 2003, eliminou o *goodwill* por contrapartida de reservas. Esta prática está hoje abandonada. Aliás, era muito criticada por suprimir (no tempo da amortização sistemática do *goodwill*) uma fonte de custos com amortizações. Daí que beneficiasse os resultados reportados pelas empresas que eliminavam o *goodwill* por contrapartida da imediata redução de reservas. Os resultados por acção futuros eram assim beneficiados por via do não reconhecimento de gastos com perdas de valor do *goodwill*.

IBM, 2000

Goodwill

Goodwill is amortized and expensed on a straight – line basis over the periods estimated to benefit, generally not to exceed five years. The company performs reviews to evaluate the recoverability of goodwill and takes into account events or circumstances that warrant revised estimates of useful lives or that indicate that an impairment exists"

BMW, 2003

Accounting principles

The recoverability of the carrying amount of intangible assets (including capitalized development costs and goodwill) and property, plant and equipment is tested regularly for impairment in accordance with IAS 36 (Impairment of assets) on the basis of cash generating units. An impairment loss is recognized when the recoverable amount (defined as the higher of the asset's net selling price and its value in use) is lower than the carrying amount. If the reason for a previously recognized impairment loss no longer exists, the impairment loss is reversed up to the level of its rolled –forward depreciated or amortized cost.

Nas notas transcritas, pode ver-se que o grau de pormenor usado pelas diversas empresas no reporte das perdas de valor do *goodwill* é bastante díspar. Em alguns casos, o utente das demonstrações financeiras terá de fundar a sua apreciação no juízo de valor da administração e na verificação que os auditores terão efectuado aos pressupostos subjacentes aos testes de imparidade realizados. Na verdade, a parca informação que as notas apresentam não permite um juízo mais vasto sobre a relação entre a quantia escriturada do *goodwill* e o respectivo valor recuperável.

A evolução futura da quantidade e qualidade da informação que sobre este item vier a ser divulgada no âmbito da aplicação do SNC dependerá, em muito, de dois factores. Um primeiro, relativo ao impacto nos valores reconhecidos em *goodwill* de factores que induzam a respectiva desvalorização (v.g., evolução tecnológica, mudanças de contexto legal, quebras importantes na procura estimada, etc.). Um segundo, o efectivo cumprimento das disposições da NCRF 12 e do grau de exigência dos auditores na validação da informação constante do Anexo.

É provável que se venha a assistir a algum desfasamento entre a larga panóplia de elementos que a NCRF 12 exige que sejam divulgados relativamente a perdas em *goodwill* e a informação efectivamente facultada no Anexo às demonstrações financeiras. A elevada subjectividade do processo e dos montantes apurados – que ficou bem patente nos pontos anteriores – não incentivará, provavelmente, grandes desenvolvimentos e especificações.

Como salienta Moreira (2010) as empresas tendem a aproximar as escolhas contabilísticas das soluções fiscalmente admissíveis. Ora, como já se viu, e ainda se analisará adiante, o tratamento fiscal das perdas por imparidade será, por certo, outro factor a induzir grande cautela dos administradores empresariais no reconhecimento e quantificação de tais perdas.

15.
O tratamento fiscal das imparidades do *goodwill* no novo CIRC

O tratamento do *goodwill*, após o respectivo reconhecimento inicial, tem vindo a aproximar-se de uma solução aceite na generalidade dos ordenamentos contabilísticos: a da realização dos testes de imparidade. A adesão ao normativo internacional (IAS-IFRS) de um cada vez maior número de países tem sido o factor decisivo para esta convergência.

Todavia, e como já se viu para as perdas em activos tangíveis, a posição da administração fiscal sobre estes gastos que afectam os resultados do exercício assentará num mesmo princípio de reserva, prudência ou atitude defensiva perante a natureza dessas perdas, e, sobretudo, a subjectividade inerente à sua quantificação.

Na verdade, e como julgo ter deixado claro, ao testar-se o *goodwill* está-se a confrontar uma previsão de benefícios económicos supra normais, efectuada num dado momento do tempo, com a mesma previsão efectuada em data posterior. Ora, a determinação de novos *cash flows*, da nova taxa de desconto e do prémio de risco a incorporar nessa taxa, implicarão sempre um considerável grau de variabilidade nas estimativas. Em casos destes – *vide* a disciplina fiscal que existe nas depreciações, provisões e alterações de justo valor – espera-se que a administração fiscal balize com firmeza a aceitação fiscal dos gastos.

Entre nós, que solução foi então consagrada, a partir de Janeiro de 2010, com a adaptação do CIRC ao SNC?

Para começar, refira-se que, ao abrigo do disposto no artigo 23, n.º 1, alínea h), do CIRC são dedutíveis como gasto fiscal as perdas por imparidade. Naturalmente que, neste preceito, tais perdas têm uma natureza geral. Dizem respeito a perdas em activos, independentemente do tipo de elemento patrimonial. Mas, como já se disse, dada a substância económica dos fenómenos subjacentes à existência e reconhecimento destes gastos, o crivo fiscal a que seriam submetidos viria por certo mais apertado relativamente ao que o artigo 23.º determina como princípio geral.

No fundo, trata-se de uma maneira de enquadrar fiscalmente gastos que já existia na anterior versão do CIRC. Também aí se dizia, no mesmo artigo 23.º, que as provisões eram dedutíveis. Porém, em artigo próprio, eram especificadas e enumeradas taxativamente aquelas que seriam aceites.

Ora, no caso das perdas por imparidade, é o artigo 35.º que estabelece as que, por princípio, são fiscalmente relevantes. Já o vimos, aquando da análise dos activos tangíveis. O que estabelece este preceito a propósito dos activos intangíveis? Na alínea c) do n.º 1, estatui que as perdas por imparidade que consistam em desvalorizações excepcionais verificadas em activos intangíveis podem ser deduzidas para efeitos fiscais.

As perdas por imparidade em *goodwill* enquadram-se nesta condição: são desvalorizações excepcionais em activos intangíveis. Mas a análise da hipotética aceitação fiscal destas perdas não fica por aqui. Com efeito, e como também já se viu para os activos tangíveis, o artigo 38, n.º 1, especifica as causas dessas desvalorizações excepcionais, para que possam ser fiscalmente aceites. Ou seja, poderão ser deduzidas caso o seu fundamento seja o que consta do artigo 38, n.º 1, e a DGCI as autorize.

Estarão as perdas por imparidade em *goodwill* no âmbito da causas mencionadas no artigo 38.º? Para tal, terão de ser originadas por desastres, fenómenos naturais, inovações tecnológicas ou alteração do contexto legal com efeito adverso. Não custa imaginar que o possam estar. Tome-se, a título exemplificativo, a razão, infelizmente muito comum, da alteração do contexto legal.

Assim, suponha-se que a empresa ALFA adquiriu, no ano N, a empresa BETA, a qual se dedicava à fabricação de produtos de beleza (cremes, loções). Admita-se que pagou um preço implicando o reconhecimento de um montante significativo de *goodwill*. Suponha-se, agora, que em N+3 uma lei vem restringir a venda desses produtos, com base em possíveis efeitos nefastos na saúde dos utilizadores. Haverá aqui, por certo, uma deterioração dos benefícios esperados que ALFA estimou aquando da aquisição de BETA. O *goodwill* inicialmente reconhecido estará, pois, desvalorizado *(impaired)*.

Não custa, também, imaginar que alterações tecnológicas possam levar a idêntica situação noutras entidades.

Que conclusão retirar? A de que as perdas por imparidade em *goodwill* teriam, hipoteticamente, aqui uma via para o reconhecimento fiscal?

Ora o DR 25/2009, que regula as depreciações e amortizações, estabelece, no seu artigo 16.º, à semelhança do que já estabelecia, como vimos, o DR 2/90, que excepto em caso de deperecimento efectivo, devidamente comprovado pela DGCI, não são fiscalmente amortizáveis os trespasses.

Se a solução parece aqui nítida – a regra é o não reconhecimento fiscal de perdas em *goodwill*, a excepção será a sua aceitação – julgo que ela não é terminologicamente feliz.

Na verdade, o DR 25/2009 trata de amortizações e depreciações. Ora o regime de apuramento de perdas no intangível designado por *goodwill* (trespasse)[83] não é o das amortizações. É o das perdas por imparidade. Assim, crê-se que teria sido possível evitar a falta de harmonização conceptual existente no CIRC e no DR 25/2009 acerca deste assunto.

É certo que tanto as perdas por imparidade como as amortizações traduzem o reconhecimento de diminuições de valor no *goodwill*. Mas no plano contabilístico trata-se de realidades diferentes. No caso das amor-

---

[83] Como já referimos, na tradição contabilística portuguesa tem-se usado o termo trespasse com o significado que se atribui ao *goodwill*.

tizações há uma imputação automática de uma suposta desvalorização regular. No caso de perdas por imparidade não é assim. Só haverá perda se a quantia escriturada for superior à quantia recuperável (que no caso do *goodwill* será o valor de uso).

Seria razoável argumentar que o DR 25/2009 não seria para aqui chamado, já que o artigo 38.º do CIRC excluiria as perdas por imparidade em *goodwill*? Não o creio. Entendo, como já expressei, que é possível existirem perdas em *goodwill* resultantes de algumas das causas que constam daquele preceito como razões para desvalorizações excepcionais em activos tangíveis ou intangíveis. Se o normativo fiscal se ficasse apenas pelo artigo 38.º do CIRC, poder-se-ia admitir como regra a possibilidade de aceitação fiscal de perdas em *goodwill*.

De todo o modo, e admitindo que quando no DR 25/2009 se estabelece que, em regra o trespasse não é amortizável, se quer realmente dizer que as perdas de valor do *goodwill* – sejam provenientes de amortizações ou de imparidades – não são aceites fiscalmente, que fundamentos se podem alvitrar para esta solução?

Já se foram apontando. Eles assentam nas seguintes ordens de razões:

- na dificuldade em calcular com objectividade a perda por imparidade no *goodwill*,
- na excessiva latitude que a aceitação pura e simples dessas perdas daria aos gestores para influenciarem o lucro tributável com estimativas de reduções de valor de activos. Já ao longo deste livro se mencionou a grande reserva que sempre suscita à administração fiscal a aceitação de gastos assentes em estimativas.
- *last, but not the least,* no facto de ao *goodwill* não se aplicar (por causa da proibição expressa no § 64 da NCRF 12) a reversão de perdas por imparidade. Ora se no artigo 35, n.º 3, do CIRC se estabelece que as reversões de perdas por imparidade fiscalmente aceites são, naturalmente, rendimento tributável, caso se aceitassem fiscalmente as perdas de valor do *goodwill* elas nunca seriam revertidas. E assim como existem causas para diminuir o valor do *goodwill* também haverá outras que o farão aumentar. Não custa admitir que, após um exercício em que um valor de *goodwill* de 1 000 fora revisto em baixa com uma perda por imparidade de 200, num exercício posterior, desaparecendo a causa da desvalo-

rização, o valor do *goodwill* voltasse a 1000. Reconhecer-se-ia então um rendimento resultante da reversão da perda. Como tal não é possível contabilisticamente, a parte tributária ficaria privada desse potencial efeito positivo sobre o lucro fiscal.

Poderemos ainda averiguar se o artigo 35.º, n.º 4, pode ter aqui alguma relevância. Aí se estabelece que as perdas por imparidade em activos depreciáveis ou amortizáveis que não forem aceites como desvalorizações excepcionais, podem ser consideradas como gastos (fiscais) durante o período de vida útil restante desse activo. Mas, como se vê, nem o *goodwill* é depreciável em sede do SNC, nem tem "vida útil restante". Com efeito, uma das razões fortes para abandonar a amortização sistemática do *goodwill* e passar a testar a respectiva imparidade radica na dificuldade em atribuir-lhe uma vida útil finita.

Em suma: à semelhança do regime das amortizações do trespasse que vigorava do DR 2/90, o novo CIRC e o DR 25/2009 mantiveram, no essencial o mesmo tratamento fiscal. As perdas de valor do trespasse – antes por amortização sistemática, agora por desvalorização ocasional e respectivo reconhecimento de imparidade – não são, em regra, gastos fiscais. Só excepcionalmente, caso a DGCI assim o entenda, é que o serão.

Aqui chegados, perguntar-se-á: que tipo de condições levarão a DGCI a inclinar-se para aceitar a perda por imparidade no *goodwill*?

Não se trata, como é óbvio, de uma pergunta com resposta simples. Porém, dividamos as razões das desvalorizações do *goodwill* em:

a) factores que decorrem de baixa dos *cash flows* verificados em face dos benefícios estimados no momento da aquisição de uma entidade;

b) aumento da taxa de desconto aplicada aos *cash flows*.

Ainda se poderão subdividir estas causas em:

a.1) razões externas à empresa (degradação da conjuntura que afecte a capacidade de geração de *cash flows* para generalidade das empresas),

a.2) razões internas à empresa (as sinergias que se anteviam, por exemplo através das reduções de gastos administrativos ou comerciais, não ocorreram), b.1) aumento da taxa de juro das aplicações sem risco em função do aumento da inflação esperada,

b.2) incremento dos prémios de risco, no seguimento de um aumento da aversão aos activos de risco por parte dos investidores.

A situação a.1 será, porventura, aquela em que a administração fiscal poderá mostrar mais abertura para considerar perdas por imparidade em *goodwill* (amortizações do trespasse, ainda na terminologia fiscal). Trata-se de motivos alheios à empresa, que está a rever em baixa estimativas de benefícios esperados de uma aquisição em função de razões macro-económicas que não controla. Ainda aqui terá de se mostrar que essa redução de benefícios é de natureza estrutural. Isto para que a administração fiscal não seja excessivamente influenciada pela impossibilidade de reversão da perda. Esta reversão deveria acontecer no caso de a degradação ser de natureza conjuntural, mas já se viu que contabilisticamente é proibida.

Já no caso a.2, trata-se de razões imputáveis à gestão. As sinergias estimadas não se verificaram. A administração fiscal não quererá, porventura, ser solidária com gastos derivados do incumprimento de metas estimadas, que resulta de factores internos à empresa. Antevê-se aqui maior dificuldade de aceitação.

Ou, em igual sentido, imagine-se uma situação na qual as sinergias esperadas foram negativamente afectadas por uma perda do prestígio da adquirida ou do seu "nome na praça", por força de um motivo relacionado com um escândalo provocado por comportamento menos escrupuloso dos seus órgãos de gestão. Também aqui parece claro que a baixa da expectativa de sobre lucros dificilmente terá aceitação fiscal.

Quanto aos casos da variação das taxas de juro ou dos prémios de risco, e dada a volatilidade que as taxas de juro apresentam, e, bem assim, a variabilidade dos prémios de risco ao longo do tempo – como se mostrou no ponto 13 – creio que a administração fiscal mostrará relutância em aceitar perdas por imparidade em *goodwill* fundamentadas nestes elementos.

Mas, caso assim seja, podem acontecer situações de alguma injustiça fiscal. Com efeito, imagine-se que a dívida pública portuguesa sofre uma degradação do seu *rating* que se considere dificilmente reversível. Ora, em tal caso, a taxa de retorno das obrigações do tesouro de longo prazo repercutirá inevitavelmente essa degradação. Assim, *coeteris paribus*, as taxas de desconto a aplicar no cálculo do valor actual dos benefícios esperados subirão. Trata-se de factores alheios à empresa, que degradarão o valor esperado dos *cash flows* futuros. Os seus activos ficarão desvalorizados. No plano fiscal, a aceitação de uma perda por imparidade em *goodwill* – que resulte apenas desta revisão de taxas de desconto – tem, a meu ver, uma solidez muito superior à da incapacidade da gestão em concretizar sinergias. Enfim, veremos como no futuro se apresentarão as tomadas de posição da administração fiscal sobre tais matérias...

A fim de ilustrar alguns destes aspectos, atente-se no caso que de seguida se apresenta.

16.
Estudo de caso sobre imparidade em *goodwill*

A empresa A, SA dedica-se ao negócio da organização de eventos turísticos em Portugal. Exerce essa actividade nas regiões do Minho e do Douro, apresenta em Novembro de 2010 o seguinte balanço (em euro):

Activo fixo tangível	500 000
Inventários	100 000
Clientes	100 000
Meios financeiros líquidos	50 000
TOTAL ACTIVO	**750 000**
Capital próprio	300 000
Passivo	450 000
TOTAL CP + PASSIVO	**750 000**

Por seu lado, na mesma data, a empresa B, S.A., que se dedica a igual negócio nas zonas de Lisboa e do Algarve, apresenta o seguinte balanço (em euro):

Activo fixo tangível	1 000 000
Inventários	300 000
Clientes	200 000
Meios financeiros líquidos	800 000
TOTAL ACTIVO	**2 300 000**
Capital próprio	500 000
Passivo	1 800 000
TOTAL CP + PASSIVO	**2 300 000**

Numa operação de aquisição, B comprou a totalidade dos activos e passivos de A, tendo pago aos accionistas de A a quantia de 800 000 euro. Essa operação teve como motivo estratégico a integração de duas entidades que operam em mercados geográficos distintos. A administração de B entendeu que daí poderiam advir um crescimento do negócio e um aumento de margens em face da complementaridade das duas entidades. Supondo que os passivos de A estão avaliados ao justo valor e que, nos activos, se verifica que o justo valor dos inventários é de 75 000 euro, o balanço de B após a aquisição será:

Activo fixo tangível	1 500 000
Goodwill	525 000
Inventários	375 000
Clientes	300 000
Meios financeiros líquidos	50 000
TOTAL ACTIVO	**2 750 000**
Capital próprio	500 000
Passivo	2 250 000
TOTAL CP + PASSIVO	**2 750 000**

Como se observa, a empresa B registou um *goodwill* de 525 000, dado pela diferença entre o justo valor do capital próprio de A (275 000) e a quantia paga pela aquisição (800 000).

De notar que, nesta aquisição, B foi assessorada por peritos que, com base em projecções de *cash flows* para os accionistas e de uma taxa de retorno exigida para o capital próprio, estimaram para a entidade A os seguintes fluxos de caixa:

	2011	2012	2013	2014	2015
Fluxo de caixa estimado	25 000	35 000	40 000	42 000	42 000

Para além disso, a taxa de desconto usada foi de 7% e a taxa de crescimento em perpetuidade estimada para os fluxos de caixa *(g)* foi de 2,3%. Aplicando estes parâmetros no métodos do *discounted cash flow*, chega-se a um valor para o capital accionista da empresa A de 800 000 euro.

Em Dezembro de 2012, ao efectuar-se um teste de imparidade ao *goodwill*, as novas projecções de fluxos de caixa foram as seguintes.

	2013	2014	2015	2016	2017
Fluxo de caixa estimado	35 000	37 000	41 000	41 000	42 000

A taxa de desconto estimou-se em 8% e a taxa de crescimento em perpetuidade de 1, 7%. A revisão em baixa da taxa de crescimento *(g)* dos fluxos de caixa estimados resultou de previsão de quebra da procura dos serviços de organização de eventos turísticos face ao originalmente estimado em 2010. O aumento da taxa de desconto (K), radicou num acréscimo do prémio de risco.

a) Existe imparidade no *goodwill*?
b) Que tratamento contabilístico deve ter?
c) Que impacto fiscal poderá ter?

Resolução:

a) $V = \dfrac{35000}{(1,08)} + \dfrac{37000}{(1,08)^2} + \dfrac{41000}{1,08^3} + \dfrac{41000}{(1,08)^4} + \dfrac{42000}{(1,08)^5} + \dfrac{\frac{42000*1,017}{0,08-0,017}}{(1,08)^5}$

V = 616 832 euro.

O valor actual dos fluxos de caixa descontados imputáveis à entidade adquirida reduziu-se em 183 167. Este é o montante da perda por imparidade em *goodwill*.

b) O valor da imparidade apurada deverá ser debitado na conta 65.6 – Perdas por imparidade em activos intangíveis, e creditado na conta 44.9 Perdas por imparidade acumuladas em activos intangíveis.

c) No plano fiscal, parece difícil que a administração tributária possa aceitar esta perda. Com efeito, ela provém de causas conjunturais (que podem ser reversíveis) e relativamente ás quais a administração não quererá, provavelmente, solidarizar-se tributariamente. Como se disse no ponto 15 deste trabalho, esta combinação de causas não será a mais favorável para predispor a administração fiscal a aceitar as perdas por imparidade em *goodwill* (amortizações do trespasse).

17.
Uma nota adicional sobre aspectos contabilístico-fiscais do método de mensuração de activos tangíveis através do custo revalorizado

Na parte em que se tratou a questão das desvalorizações excepcionais previstas no POC, abordou-se também a questão das reavaliações. Não sendo esse o tema central deste livro, entendi que se justificaria uma referência, ainda que muito breve, ao fenómeno inverso das desvalorizações. O intuito foi então o de mostrar como, no âmbito do POC, se lidava com as variações nas quantias escrituradas dos activos, que visavam corrigir algumas das deficiências que a pura aplicação do custo histórico apresenta.

No SNC tal motivo ganha redobrada importância. Como se sabe, nos activos não correntes – v.g., propriedades de investimento, activos tangíveis e activos intangíveis – admitem-se dois modelos de valorização. O modelo do custo e o modelo da revalorização.[84]

---

[84] Como já referi, os dois modelos não estão plenamente equiparados no tocante à sua aplicação. Como se sabe, o modelo da revalorização só é aplicável após o reconhe-

Vale assim a pena debruçarmo-nos, também de forma sucinta, sobre algumas questões contabilísticas e fiscais que daí decorrem. Para tal, e dada a natureza acessória desta secção, abordarei apenas abordar o caso dos activos fixos tangíveis.

17.1. Aspectos contabilísticos do modelo de revalorização dos activos tangíveis

Segundo o disposto no § 31 da NCRF 7- Activos fixos tangíveis, uma entidade pode escolher usar o modelo da revalorização. Será assim quando o justo valor de um activo possa ser fiavelmente mensurado. Neste caso, o valor do activo deve ser ajustado de modo a que, à data da revalorização, se aproxime do justo valor à data do balanço.

Trata-se, pois, de facultar às entidades que usam o SNC um método de apuramento do valor escriturado dos activos assente no justo valor, procedendo a ajustamentos regulares na quantia registada na demonstrações financeiras de modo a que o valor escriturado e justo valor sejam, o mais possível, coincidentes.

Naturalmente que o cerne da questão radica na base de referência do justo valor. Ora, a isto respondem os §§ 32 e 33 da mesma NCRF.

No § 32 refere-se que para terrenos e edifícios o justo valor será determinado com base no mercado, por avaliação qualificada e independente. As instalações e equipamentos terão o seu justo valor determinado a partir do valor de mercado, através de avaliação (que também se supõe qualificada e independente).

No § 33 estatui-se que não havendo provas, com base no mercado, do justo valor do bem, então uma entidade não pode usar este método (o da revalorização) para mensurar os activos fixos tangíveis. Assim, ficará limitada ao custo histórico.

Quer isto dizer que, por um lado, permite-se o uso de um método que aproximaria, em cada momento de relato, o valor escriturado dos activos de longo prazo dos seus valores de mercado (entendido como a melhor evidência de justo valor). E, por outro lado, tal opção tem limitações

---

cimento inicial pelo custo. E em casos bem particulares previstos nas NCRF que tratam dos activos em questão.

claras. No caso de não se poder justificar a determinação de uma quantia revalorizada a partir de preços de mercado dos bens, então deixa de estar disponível uma base fiável para o justo valor e o método não pode ser usado.

O legislador avançou aqui até um limiar que coloca os activos fixos tangíveis numa situação de revalorização periódica. Mas só admite essa possibilidade caso exista um montante – o preço de mercado – que possa, com fiabilidade, representar o justo valor.

Pode dizer-se que a solução do SNC relativa à forma de mensuração – pós reconhecimento inicial – dos activos fixos tangíveis, e também dos intangíveis e das propriedades de investimento, assenta numa dualidade de critérios. Se não existir uma base para a determinação do justo valor em cada período a partir de preços de mercado que sustentem uma avaliação independente, então deve o custo histórico – ajustado por depreciações e perdas por imparidade – ser o método usado. Porém, caso aquela avaliação independente possa ser realizada, a revalorização periódica será efectuada e os montantes que figuram no balanço são reconhecidos ao justo valor.

Face ao normativo do POC estamos aqui num claro avanço rumo ao justo valor dos activos não correntes. No POC também existiam, é certo, as reavaliações de imobilizados. Mas não com a extensão, nem a densidade normativa, que o SNC consagra às revalorizações.

A NCRF 7 dispõe ainda sobre as consequências das revalorizações na quantia escriturada das depreciações. E no § 35 estabelece que:

" ... a depreciação acumulada à data da revalorização é tratada de uma das seguintes formas:

a) Reexpressa proporcionalmente com a alteração na quantia escriturada bruta do activo a fim de que a quantia escriturada do activo após a revalorização iguale a quantia revalorizada(....)

b) Eliminada contra a quantia escriturada bruta do activo, sendo a quantia líquida reexpressa para a quantia líquida do activo."

Vejamos um exemplo[85].

Suponha-se que a empresa GAMA S.A. adquiriu, em N, uma máquina por 100 000 euro, que iniciou a sua actividade em Janeiro de N+1.

---

[85] Inspirado em Almeida *et al* (2009)

A vida útil estimada foi de 10 anos e o valor residual nulo. Em Dezembro de N+4, o justo valor da máquina é de 75 000 euro.
Como expressar no balanço a revalorização assente no justo valor?
A quantia escriturada da máquina em finais de N+4 será de 100 000 diminuída das depreciações entretanto reconhecidas. Estas totalizam 40 000. Aquela quantia será pois de 60 000 euro.
Assim, teremos:

i) Quantia escriturada líquida: 60 000
ii) Justo valor: 75 000

Apurando o índice de revalorização pela relação entre o justo valor e a quantia escriturada obtém-se 75 000/60 000 = 1,25.
Assim, a quantia escriturada reexpressa seria de 100 000 *1,25 = 125 000.
A reexpressão das depreciações acumuladas daria 40 000 *1,25 = 50 000
A alteração da quantia líquida viria 25 000 – 10 000 = 15 000. Será pois este o montante do excedente de revalorização a considerar; que é idêntico à diferença entre justo valor e quantia escriturada (75 000 – 60 000).
O reconhecimento a efectuar seria:

Débito 4.3.3 Equipamento básico: 25 000
Crédito: 43.8 Depreciações acumuladas: 10 000
 58.91 Excedente de revalorização: 15 000

(De notar que haverá que ter em conta os impostos diferidos, que adiante se quantificarão.)

O § 36, e um pouco à semelhança das unidades geradoras de caixa para o *goodwill*, estabelece que se um item do activo tangível for revalorizado, toda a classe do activo tangível à qual pertença deve ser revalorizada. Bem se compreende que, se assim não fosse, poderia dar-se o caso de um grupo de máquinas, de equipamento administrativo, ou de edifícios, conter elementos valorizados a custo histórico e outros por quantias revalorizadas a justos valores (preços de mercado).
O efeito de tal amálgama de bases de mensuração na fiabilidade da informação seria negativo. Tornaria (mais do que já é) o balanço numa

peça onde coexistiriam quantias escrituradas a partir de bases não comparáveis. Compreende-se, pois, que esta precaução exista. Ainda assim, ela não evita que em diferentes classes existam modos de mensuração díspares: custo histórico e quantias revalorizadas.

Só a leitura atenta do Anexo permitirá aos utentes das demonstrações financeiras entender que pressupostos subjazem aos valores dos activos. Mas no POC já assim era; só que porventura em menor grau.

O § 36 da NCRF 7 estabelece como se deverá tratar o excedente de revalorização apurado. Aí se refere que ele deve ser creditado directamente no capital próprio – tal como as reservas de reavaliação o eram no âmbito do POC. Contudo, excepcionalmente, esse aumento deverá ser reconhecido em resultados até ao ponto em que reverta um decréscimo de revalorização do mesmo activo previamente reconhecido em resultados.

O § 40 determina o tratamento para decréscimos da quantia escriturada decorrentes de revalorização. Neste caso, a regra é invertida. O decréscimo deve ser reconhecido em resultados. Todavia, a diminuição deve ser levada a capital próprio até ao ponto em que anule qualquer saldo existente na situação líquida resultante de prévia revalorização (excedente).

Exemplificando: imagine-se que, no ano N, uma entidade adquiriu um activo tangível por 1000 unidades monetárias. A partir do reconhecimento inicial passa a mensurá-lo pelo método da revalorização. Em N+2, reconhece um desvalorização de 150. Então, haverá que reconhecer em gastos (resultados) essa quantia, pois não há excedente prévio de revalorização.

Admita-se que em N+4 ocorre uma revalorização de 400. Assim, desse montante, 150 são levados resultados (como um rendimento) a fim de reverter o anterior decréscimo de revalorização que em N+2 fora reconhecido como gasto. Os restantes 250 serão reconhecidos como excedentes de revalorização na respectiva conta da situação líquida ou capital próprio.

No plano fiscal, e tal como vimos para as reavaliações no âmbito do POC, também aqui a divergência entre as bases contabilística e fiscal do bem podem originar impostos diferidos. É aliás isso que dispõe o § 42 da NCRF 7.

Vejamos um exemplo ilustrativo. Retomando o caso anterior, da máquina adquirida pela empresa GAMA, e considerado a taxa do IRC de 25%, o imposto diferido a considerar será de : 15 000 * 0,25 = 3750

O reconhecimento a efectuar será:
Débito: 58.92 : 3 750
Crédito: 27.42 : 3 750.
Com efeito, a base fiscal do bem é inferior à base contabilística para o cálculo das depreciações futuras. Logo, origina-se um passivo por imposto diferido a registar na conta 27.

Vejamos, para finalizar, dois exemplos de divulgação de revalorizações. O primeiro é retirado das demonstrações financeiras da EFACEC S.A. e evidencia os principais aspectos a que aludimos: qual a base da revalorização (peritos independentes), o reconhecimento do excedente criado e os correspondentes impostos diferidos. O segundo, das contas da Portugal Telecom, de 2008.

Relatório e Contas da EFACEC, 2008:

"Os edifícios e restantes imobilizações corpóreas do Grupo foram reavaliados em 1 de Janeiro de 2004 utilizando os coeficientes de desvalorização monetária no âmbito do processo de transição para IFRS (IFRS 1).

Os terrenos incluídos nos activos da empresa são apresentados ao justo valor. O valor dos terrenos foi objecto de actualização em 31 de Dezembro de 2008, com base numa avaliação efectuada por consultores externos independentes, tendo resultado numa valorização de cerca de 488 mil euros, cuja contrapartida foi reconhecida nos capitais próprios, após dedução do respectivo imposto diferido.

Relatório e contas da PT, 2008:

34.2 Reavaliações

Em 2008, a Portugal Telecom alterou a política contabilística relativa à valorização dos imóveis e da rede de condutas, passando do modelo do custo para o modelo de reavaliação. Em resultado desta alteração, o valor contabilístico dessas classes de activos foi aumentado em 208.268.320 euros (Nota 4) e 866.764.702 euros (Nota 4), respectivamente. Conforme requerido pelo IAS 16 "Activos tangíveis", as amortizações acumuladas à data de ambas as reavaliações foi eliminada por contrapartida de uma redução do valor bruto contabilístico e, de seguida, os valores líquidos desses activos foram então reavaliados.

A determinação do valor de mercado dos imóveis foi efectuada por uma entidade independente e baseou-se essencialmente:

(i) em preços disponíveis num mercado activo ou determinados a partir de transacções recentes ocorridas no mercado;

(ii) no método da rentabilidade para imóveis comerciais e administrativos; e (iii) no custo de adquirir ou produzir um imóvel semelhante com a mesma utilização para os edifícios técnicos.

A determinação do valor de mercado da rede de condutas foi efectuada internamente com base no método do custo de reposição. O processo de valorização baseou-se essencialmente:

(i) em preços correntes de materiais e trabalho de construção relativo à instalação das condutas no subsolo;

(ii) na natureza do tipo de solo e pavimento onde as condutas estão instaladas, situação que tem impacto no custo de construção;

(iii) em custos internos directamente atribuíveis à construção da rede de condutas;

(iv) num factor de depreciação, de forma a garantir que o custo de reposição é consistente com a vida útil remanescente dos activos reavaliados; e

(v) num factor tecnológico, o qual reflecte as alterações tecnológicas ocorridas, nomeadamente relacionadas com os tipos de condutas que já deixaram de existir e foram substituídas por outras.

As reavaliações dos imóveis e da rede de condutas foram efectivas a 30 de Junho e 30 de Setembro de 2008, respectivamente, e os seus valores contabilísticos nessas datas ascendiam a 160 milhões de euros e 180 milhões de euros, respectivamente. A amortização das reservas de reavaliação desde a data em que ficaram efectivas até 31 de Dezembro de 2008 ascendeu a aproximadamente 8 milhões de euros e 11 milhões de euros, respectivamente.

De salientar que, no caso da PT, as reavaliações das condutas foram efectuadas a partir de custos de reposição que a nota explicita de maneira bastante nítida. Na ausência de um preço de mercado observável, os custos de construção, a natureza dos solos, os aspectos tecnológicos e os factores de depreciação constituíram o cerne da reavaliação destes activos.

De salientar que tratando-se de sociedade cotada, já utilizava os IFRS como base de preparação das demonstrações financeiras desde 2005. Assim, o uso do modelo do justo valor em activos fixos tangíveis era uma opção que a empresa podia utilizar.

Trata-se, todavia, de matéria de forte complexidade técnica, e que não deixou de ter um impacto significativo na estrutura patrimonial da empresa. Este é mais um exemplo de uma situação na qual a validação pelos auditores será muito importante como factor informativo para o utente das demonstrações financeiras. A capacidade de um investidor médio em apreciar a fiabilidade de tais operações é, naturalmente, muito limitada, traduzindo-se numa assimetria de informação entre quem produz e quem usa a informação reportada.

Conclusão

A introdução do novo normativo contabilístico (SNC) surgiu no seguimento de uma progressiva aproximação que, sobretudo por via das DC, se foi verificando às normas internacionais de contabilidade.

Todavia, em áreas como os activos fixos tangíveis ou os intangíveis, a introdução de testes de imparidade veio dar muito maior relevo e visibilidade ao fenómeno das desvalorizações de activos e do reconhecimento destes no balanço por quantias que se podem afastar muito significativamente do custo histórico.

Os temas que abordámos afectam, como o reconhecemos na Introdução, sobretudo a média e grande empresa, pois será nesse universo que estes fenómenos, e a capacidade técnica para com eles lidar, se verificarão com maior frequência.

Todavia, como julgo ter deixado claro, trata-se de assuntos que envolvem uma forte dose de subjectividade e requererão, por certo, redobrada atenção de quem elabora e de quem usa as demonstrações financeiras.

A agregação de activos em unidades geradoras de caixa, a determinação de *cash flows* esperados e das taxas de desconto a usar, constituem temas de vasta complexidade e que influenciarão a qualidade da informação divulgada.

Se, no plano contabilístico, o tratamento tais fenómenos se apresenta como muito delicado, também no plano fiscal o respectivo enquadramento não é linear. Com efeito, a compreensível cautela do legislador e a natureza específica das perdas por imparidade, poderão vir acrescentar uma nova área de divergência entre as empresas e a administração fiscal.

Os exemplos e estudos de caso que se apresentaram ao longo da obra procuraram ilustrar, de um ponto de vista contabilístico e fiscal, a especificidade técnica que as imparidades envolvem. Espero que tenham facultado ao leitor material útil para uma apreensão mais completa dos fenómenos abordados.

Bibliografia

ALEXANDER D. e NOBES C., 1994, *A European Introduction to financial accounting*, Prentice Hall

ALMEIDA R., DIAS A. e CARVALHO F., 2009, *SNC Explicado*, ATF- Edições Técnicas

ALPALHÃO R. e ALVES P., 2002, *The Portuguese equity risk premium: what we know and what we don't know*, Working paper, disponível em www.ssrn.com

AMIR E. e LEV B., 1996, Value relevance of non financial information: The wireless communications industry. *Journal of Accounting and Economics*, 22, p.3-30

BAKAERT G., HARVEY C. e LUNDBLAD C., 2006, Liquidity and expected returns: lessons from emerging markets, *The Review of financial Studies*, p. 33-64

BARTH M., 1994, Fair value accounting: Evidence from investment securities and the market valuation of banks, *Accounting Review*, 69, p. 1-25

BARTH M., 2000, Valuation –based accounting research: implications for financial reporting and opportunities for future research, *Accounting and Finance*, 40, p.7-31

BARTH M., BEAVER W. e LANDSMAN W., 2001, The relevance of the value-relevance literature for financial accounting standard setting: another view, *Journal of Accounting and Economics*, 31, p.77-104

BASTOS C. e MARTINS A., 2008, O cálculo do custo do capital nas decisões de investimento em activos reais: uma análise empírica, *Economia Global e Gestão – Global Economics and Management Review*, 2, p. 89-120

BENSTON J., 2008, The shortcomings of fair-value accounting described in SFAS 157, *Journal of Accounting and Public Policy*, 27, p.101-114

BODIE Z. and MERTON R., 2000, *Finance*, Prentice-Hall

BORGES A., RODRIGUES A. e RODRIGUES R., 2002, *Elementos de Contabilidade Geral*, Áreas Editores

BORGES ANTÓNIO, MARTINS FERRÃO, 2000, *A contabilidade e prestação de contas*, Rei dos Livros

BREALEY R., MYERS S., 2003, *Principles of corporate finance*, McGraw Hill

BUSHMAN R. E SMITH A., 2001, Financial accounting information and corporate governance; *Journal of Accounting and Economics*, 31, p.237-333

CALVO L., GARCIA-AYUSO M., SANCHEZ P., CHAMINADA C., OLEA M., ESCOBAR C. 1999, *Medicion de intangibles. Discusión de los indicadores. Estudio de un caso Español.*, X Congreso de la Asociación Española de Contabilidad, Zaragoza. p1-14

CASSIDY J., 2009, *How markets fail: the logic of economic calamities*, Allen Lane

COPELAND T., KOLLER T. AND MURRIN J.,2000, *Valuation – measuring and managing the value of companies*, Wiley & Sons

COTNER J., FLETCHER H., 1999, *Computing the cost of capital for privately held firms*, Working paper, U.C.A., www.sber.uca.edu

DAMODARAN A., 2001, *Corporate finance*, Wiley

DAMODARAN A., 2008, *Equity risk premiums (ERP): determinants, estimation and implications*, Working paper, disponível em : www.ssrn.com

DAMODARAN, A., 1996, *Investment valuation*, Wiley

DEBONDT, W. e THALER, R., 1989, A mean reverting walk down Wall Street, *Journal of Economic Perspectives* 3, n.º 1, 189-202.

DIMSON E., MARSH M. e STAUNTON M, 2006, *Global Investment Returns Yearbook*, ABN-AMRO/London Business School

DUQUE J., 2008, Em defesa do justo valor, *Revista TOC*, n.º 105, p. 34-35

EDUARDO M., MOORE B., ROBERTS L., 1998, Premier *Corporation: estimating the cost of capital for a closely held firm;* paper presented at the 1989 FMA Conference

EICHENWALD K., 2005, *Conspiracy of fools*, Broadway Books

ESPERANÇA J. PAULO; MATIAS F., 2005, *Finanças Empresarias*, Dom Quixote

FERNANDES C. e MARTINS A, 2002, A teoria financeira e a psicologia dos investidores: uma análise empírica, *Estudos de Gestão*, Vol VII, 1, p. 43-76

FERREIRA R., 2008, A globalização (economicista) piora também a ética contabilística, Revista TOC, n.º 102, p.42-43

FINCH N., 2007, *Intangible assets and creative impairment – analysis of current disclosure practices by top Australian firms*, Macquarie Graduate School of Management, Working paper

FRENCH, K. e POTERBA, J., 1991, Investor diversification and international equity markets *American Economic Review* 81, n.º 2, 222-226.

GIBSON R. e MOUGEOT N., 2004, The pricing of systematic liquidity risk: empirical evidence from the US stock market; *Journal of Banking and Finance*, 28, p. 157--178

GOUVEIA J., 2009, Para um debate saudável: custo histórico versus justo valor, *Revista TOC*, n.º 113. p. 28-31

GRAHAM J. e HARVEY C, 2008, *The equity risk premium in 2008: evidence form global CFO Outlook survey*, working paper, www.ssrn.com

GU F., e LEV B., 2008, *Overpriced shares, Ill-advised Acquisitions, and goodwill impairment*", Working paper, New York University

HARRINGTON A., 2003, The goodwill diet, *Fortune*, April 14, 2003, p. 85-87

HEALEY P. e PALEPU K., 2001, Information asymmetry, corporate disclosure, and capital markets: A review of the empirical disclosure literature; *Journal of Accounting and Economics*, 31, p.405-440

HEATON H., 1998, Valuing small businesses: the cost of capital, *The Appraisal Journal*, January, p. 11-16

HOLMES G. and SUGDEN A., 1999, *Interpreting company reports and accounts*, Prentice Hall, London

HOLTHAUSEN R. e WATTS R, 2001, The relevance of the value-relevance literature for financial accounting standard setting, *Journal of Accounting and Economics*, 31, p.3-75

HUBERMAN, G., 2001, Familiarity breeds investment, *The Review of Financial Studies* Vol. 14, n.º 3, 659-680.

HUDDART S., KE B. e SHI C.., 2007, Jeopardy, non –public information, and insider trading around SEC 10-K and 10-Q filings, *Journal of Accounting and Economics*, 43, p. 3-36

JAGOLINZER A., 2009, SEC rule 10b5-1 and insiders´ strategic trade, *Management Science*, 55, 224-239

LOPES I., 2008, *A problemática dos intangíveis: análise do sector da aviação civil em Portugal*, Tese de doutoramento em Gestão, FEUC, polic.

KAHNEMAN, D. and TVERSKY, A., 1979, Prospect theory: An analysis of decision making under risk, *Econometrica* 47, n.º 2, p.263-291.

KEYNES J. M., 1936, *The general theory of employment, interest and money*, MacMillan

KIESO D. e WEYGANDT J., 1998, *Intermediate Accounting*, Wiley and Sons, N York

LAUX C. and LEUZ C., 2009, *The crisis of fair value accounting: making sense of the recent debate*, The University of Chicago Booth School of Business Working paper n.º 33

LÉRIAS G., 2009, Relato contabilístico: dos valores históricos aos benefícios económicos futuros, *Revista TOC*, n.º 109. p. 35-46

LEV B. e ZAROWIN P.,1999, The boundaries of financial reporting and how to extend them", *Journal of Accounting Research*, 37, 2, p.353-386

LEVIT A., 2002, *Take on the street*, Pantheon Books

LI N., 2008, *Debt-contracting efficiency under conservatism*. Working paper

LIBBY R., LYBBY P. e SHORT D, 2009, *Financial accounting*, McGraw- Hill

LOPES DE SÁ A., 2008, "Justo valor" e crise nos mercados, *Revista TOC*, n.º 103 , p. 32-33

LOPES DE SÁ A., 2009, Contabilidade e crise financeira, *Revista TOC*, n.º 105 , p.47-48

MARTINS A., 2004, *Introdução à análise financeira de empresas*, Vida Económica

MARTINS A., 2008, A *estrutura conceptual do SNC: um breve comentário sobre activos intangíveis*, Revista de Finanças Públicas e Direito Fiscal, n.º 4, p.60-69

MARTINS A., CRUZ I., AUGUSTO M., SILVA P., GAMA P., 2009, *Manual de gestão financeira empresarial*, Coimbra Editora

MARTINS A., 2009 a, O *goodwill* gerado internamente e a problemática dos activos intangíveis: uma reflexão adicional, (em publicação na revista *Fiscalidade*)

MOREIRA J.A., 1997, *Análise financeira de empresas*, Edição da Bolsa de Derivados do Porto

MOREIRA J. A., 2010, Irá o método do justo valor reduzir a qualidade da informação financeira? Inferências a partir da aplicação dos IFRS, *Revista TOC*, 119, p.45-49

MULFORD C. e COMISKEY E., 2002, *The financial numbers game*, Wiley and Sons, New York

MULLER K, NEAMTIU M e RIEDL E., 2009, *Insider trading preceding goodwill impairments*, Working paper

NEVES J.C., 2001, *Análise financeira – métodos e técnicas*, Texto Editora

NEVES J, 2002; *Avaliação de empresas e negócios*, McGraw Hill

PINTO J.A., 2004, *Fiscalidade*, Áreas Editores

REGNIER P., 2009, Can you outsmart the market?, *Fortune,* December 21, p. 34

REILLY R. e SCHWEISHS R., 1998, *Valuing intangible assets*, New York, Mac Graw Hill

REIS J.V., 2010, *Impacto fiscal da adopção das normas internacionais de contabilidade*, Conferência na Associação Fiscal Portuguesa, Secção Regional do Centro, Janeiro 2010

ROBERTS J, 2004, *The modern firm*, Oxford University Press

RODRIGUES ANA M., 2006, *O goodwill nas contas consolidadas*, Coimbra Editora

ROSS S., WESTERFIELD R., JAFFE J., 2002, *Corporate finance*, McGraw Hill

RYAN S., 2008, Accounting in and for the sub prime crisis. *The Accounting Review*, 83, p. 1605-1638

SCHILIT H, 1993, *Financial shenanigans*, McGraw Hill

SCHUMPETER J., 1934, *The theory of economic development*, Harvard University Press

SHEFRIN, H. and STATMAN, M., 1984, Explaining investor preference for cash dividends, *Journal of Financial Economics* 13, n.º 2, 253-282.

SHEFRIN, H. e STATMAN, M., 1998, *Comparing return expectations with realized returns*, Santa Clara University, Working Paper.

SHILLER, R. e POUND, J., 1989, Survey evidence on diffusion of interest and information among investors, *Journal of Economic Behavior and Organization,* 12, n.º 1, 47-66.

SILVA F. G. e PEREIRA J. E., 1999, *Contabilidade das Sociedades*, Plátano

SKIDELSKY R., 2009, *Keynes: the return of the master,* Allen Lane

STURM A., DOWLING M. e RODER K., 2008, FDA drug approvals: time is Money!, The *Journal of Entrepreneurial Finance and Business Ventures*, 12, 2, p. 23-54

TOFFLER B., 2003, *Final Accounting*, Broadway Books

TOURNIER J., 2000, *La révolution comptable*, Éditions d´Organisation, Paris

WESTON J., CHUNG K. e JUAN S., 1998, *Takeovers, restructuring and corporate finance*, Prentice Hall

Índice

NOTA DE APRESENTAÇÃO	7
INTRODUÇÃO	9
1. Para que serve a informação financeira?	15
2. Modelos de valorização de activos: o cerne do problema	18
3. O que resta do custo histórico: uma contradição normativa no SNC?	50
4. A informação financeira, seus destinatários e valorização de recursos : uma visão pessoal	52
5. As desvalorizações excepcionais de imobilizados corpóreos e incorpóreos no POC	66
6. O tratamento fiscal das desvalorizações excepcionais de imobilizados corpóreos e incorpóreos no CIRC no âmbito do regime contabilístico do POC	74
7. As reavaliações de activos tangíveis no âmbito POC	79
8. O tratamento fiscal das reavaliações de imobilizados no CIRC	85
9. Imparidade em activos fixos tangíveis no SNC: seu reflexo contabilístico	88
10. O tratamento fiscal das perdas por imparidade em activos fixos tangíveis no IRC	123
11. Imparidade em activos intangíveis no SNC: o caso particular do goodwill	138
12. O que representa o goodwill e seu tratamento contabilístico: aspectos das NCRF 6, NCRF 12 e NCRF 14	152
13. Questões metodológicas no uso do método dos cash flows descontados e seu impacto nas potenciais perdas por imparidade em goodwill	160
14. A divulgação sobre testes de imparidade em activos intangíveis nas demonstrações financeiras: alguns exemplos	189
15 O tratamento fiscal das imparidades do goodwill no novo CIRC	194
16. Estudo de caso sobre imparidade em goodwill	200
17. Uma nota adicional sobre aspectos contabilístico-fiscais do método de mensuração de activos tangíveis através do custo revalorizado	203
CONCLUSÃO	211
BIBLIOGRAFIA	213